中国企业"走出去"社会责任研究报告

中国企业"走出去"社会责任研究报告

刘宝成 张梦莎

Globethics.net China Ethics No. 8

全球伦理网中国伦理 (Globethics.net China Ethics)

丛书编辑：刘宝成教授（Liu Baocheng），对外经济贸易大学国际经济伦理研究中心创始人、主任。中国开放经济研究所副所长；中美国际管理学院创始人。
克里斯托夫·司徒博教授（Christoph Stückelberger），全球伦理网执行董事、创始人。日内瓦 GAF 基金会执行主任，俄罗斯莫斯科、尼日利亚埃努古、中国北京伦理学教授。

全球伦理网中国伦理系列 8 (Globethics.net China Ethics 8)
刘宝成（Liu Baocheng）/ 张梦莎（Zhang Mengsha），中国企业"走出去"社会责任研究报告

日内瓦：全球伦理网，2018
ISBN 978-2-88931-248-1（在线版本）
ISBN 978-2-88931-249-8（印刷版本）

© 2018：全球伦理网
编辑管理：伊尼亚斯 哈茨 (Ignace Haaz)
全球伦理网总部
150 route de Ferney
1211 Geneva 2, Switzerland
网址：www.globethics.net/publications
邮箱：publications@globethics.net

所有关于本文本的网络链接均已在 2018 年 1 月份得到验证。

目录

表格

圖表

序

　　纵览中国数千年对外经济交往的历史，其边境时开时关，贸易时辍时续，但大举参与国际资本流动，却是近四十年来的新现象。开放之初，中国着手大量吸引外国直接投资，目的在于引进先进制造技术和管理经验，并利用外国公司的销售渠道为政府创造了数以万亿计的外汇积累。外国资本为中国培育了强大的生产加工能力，吸纳了三亿之巨的农村剩余劳动力，推进了中国的城市化及工业化进程。而更为重要的是，深入的经济交往为中国人打开了眼界，使他们看到了全球市场的机遇。在此基础上，中国开始尝试性地对外投资。邓小平时代，中国的对外开放战略集中于引进外国投资和发展对外贸易；而江泽民时代，则提出了"走出去"的概念，即对外投资和跨国经营（1992 年，《中国共产党十四大报告》）。2001年的《国民经济和社会发展第十个五年计划纲要》将"走出去"提升到国家战略的高度，明确地指明了方向："鼓励能够发挥我国比较优势的对外投资，扩大国际经济技术合作的领域、途径和方式。"

　　重商主义的指导思想成就了中国作为世界出口大国的地位，但日益扩大的顺差同时也引致了主要贸易伙伴的诟病，尤其是在中国市场经济地位尚未得到发达国家普遍承认的情况下，就地投资则是消弭贸易失衡的一项有效举措。一般说来，对外投资是国际贸易的自然延伸，但中国规模化的对外投资首先是国家战略驱动的，特别是获取包括能源、生产资料等战略资源。为完善对外投资服务体系，加强统筹协调，商务部和外交部 2004 年联合首次发布了《对外投资国别产业导向目录》，根据双边关系、经济互补性等条件框定了优先投资的国别和产业领域。从总体格局来看，中国对外投资在全球范围内的分布比例与贸易伙伴的重要性是不对称的。再者，就统计数字而言，除香港之外，处于规避政府监管和谋求税收优惠的考虑，开曼岛、英属维尔京群岛等，成为了中国内流和外流投资的转运站。

工程承包及其配套的劳务输出，是中国最大、也是最为成熟的对外合作项目。中国在国内的基础建设方面取得了举世瞩目的成就，这些经验和能力的积累，为中国企业开发国际市场奠定了坚实的基础。除了令人瞠目的建设速度之外，其领先程度在诸多方面甚至超过了发达国家。先进的工程设备、实用的工程设计，吃苦耐劳且纪律严明的劳工队伍，使中国企业在海外的工程设计、施工速度以及质量管理方面不仅赢得了大笔的外汇收入，而且树立了良好的口碑。

中国对外投资，不仅实现了市场和资源的多元化，而且也促进了国内产业结构以及贸易结构的调整，是中国由以原材料和粗加工为主，逐步转向了以深加工和机电一体化等高附加值的出口模式，为中国对外硬实力和软实力的扩张奠定了基础。

出于战略的考虑，中国对外投资一直集中于能源、矿产和公共设施等敏感行业。这些行业均涉及与东道国官方密切的合作，同时会产生重大的环境影响，因而极易引起当地乃至社会的广泛关注。一方面是战略意图的驱动，另一方面，中国政府对资本项目尚未实现自由化，政府对于外汇的使用以及海外投资项目仍然维持审批制度，而且对外投资的政策缺乏连续性（从全面鼓励"走出去"的遍地开花，到限制针对房地产、娱乐业的投资，到鼓励针对"一带一路"国家的投资），海外投资项目一旦获批，中方企业便急于将项目尽快落地，故而容易因急于事功而缺乏周详的规划和成本收益核算。与其面对母国政府的不确定性，企业宁愿承担更大的经营风险。大规模的购并行动大多是国有企业发起的，这在发达国家往往由于企业所有权性质及其背后的母国国家意志而遭受愈发苛刻的安全审查；由于财大气粗，他们习惯于花费重金雇佣最知名的跨国咨询集团，而忽略了自身对细节的参与，以及与利益相关者的直接交往。在拉美及非洲等发展中地区，东道国的政府官员、乃至最高首脑构成了首要的谈判对象，这些人大多脱离民众，而中国企业通过与官方的交易进入当地之后，往往会因被视为与东道国政府合谋，因此成为迁怒的对象。

基于庞大的进出口业务，中国企业对外经济交往的经验局限于贸易领域，由此构成了一条加工商、出口商、进口商和分销商相互连接的价值链和信息链。然而，中国企业普遍缺乏与终端客户交往的经验，加之企业管理层很少雇佣外籍员工，长期以来，企业文化和经验的同质化，导致了能够融入多元文化的海外经营人才的短缺。在原则层面，中国的涉外活动始终保持"授权有限"；在管理方面，中国的海外投资基本属于项目制，派驻海外的经营管理人员缺乏必要的授权，很多细节决策都需要向国内总部请示汇报，无法对当地发生的应急事件作出及时而准确的反应。海外项目的中方人员大多实行定期轮换制度，尽管政策有所宽松，但考虑到家庭双职工以及子女的教育问题，大多数驻外管理人员选择了单人独骑的漂泊模式，很少以家庭的生活方式长期扎根当地社区。由于多数员工无法以公民的身份融入所在的社会，企业很难树立组织的公民形象。由于文化习俗不同，生活习惯迥异，语言不通，中国员工在当地的社会交往常常囿于一个固定的圈子，形成新式的"中国城"现象。

工会在中国被定性为国家政权的重要社会支柱，在维护职工权益方面发挥的作用极其有限。而无论是在发达国家还是大多数经历过西方殖民的发展中国家，工会作为一股政治势力，在劳资谈判、政策形成以及政治选举方面发挥着重要作用。对工会作用的低估，造成了很多中国海外项目陷入了步履维艰的局面。中国企业在海外的投资项目开始重视为当地提供更多的就业机会，但在发展中国家的高层管理，本地化的进程依然十分缓慢。

国内长期而稳固的官僚体制，为中国企业在国内处理政商关系形成了一套独特的思维理念和行事风格。将之推演到一些由少数精英治理的发展中国家，虽然有助于提高决策效率，但会因进一步助长当地官员的腐败行为而加剧当地社会的政治矛盾。中国近年来国内针对官员的反腐力度是空前的，但至今未能出台一部专门针对海外腐败行为的立法，这与内外有别的思维理念以及企业的治理水平存在一定的关系。虽然中国在《刑法》的修正案中将海外腐化行为列入了惩治范畴，商务主管部门也发布了企业海外行为的信用记录系统，但实施的效果均差强人意。

《韩非子》揭示了一条行事的原则：事以密成，语以泄败。然而，在信息高度发达、社会各界日益觉醒的当今世界，各式各样的密谋则很难逃过公众的视线。有鉴于此，基于信息披露的"透明度"已经成为企业运营的基本价值取向。归功于国内学术界和公益组织的推动，越来越多具备一定规模的，特别是那些涉外经济交往较为深入的中国企业，着手出具社会责任报告。与国有资产监督管理委员会 2008 年初明文敦促央属企业履行社会责任并行，中国进出口银行和银行监督委员会也分别提出了贷款项目以及金融机构履行社会责任的指导意见，中国纺织品进出口商会、五矿化工进出口商会等官办的商业促进团体也陆续发布了具备国际水准的社会责任指南。由此可见，从政府，到专业机构，社会责任的意识已经蔚然成风。但总体看来，企业社会责任报告的专业性不强，存在概念混杂以及选择性真实之嫌，而且与其他运营层面的信息披露难以匹配。国有企业碍于与政府千丝万缕的联系，在加入行业性的披露国际公约方面，态度极为谨慎。

企业社会责任运动迄今已有半个多世纪的历史，期间产生了利益相关者、三重底线、四个层次、可持续发展等多种提法，但这些概念框架仍难统一。将追求利润作为经济责任，以及将遵守法律作为守法责任，这是一目了然的常识，但是将之统统纳入社会责任的范畴，这种说法不仅在字面上偷换了概念，而且实质上也为企业夸大其社会责任绩效提供借口。因为，追求利润是企业的本能和使命；守法，包括履行环境保护和维护劳工权益的法律规范，是企业得以存在的底线，而真正意义的社会责任在于企业的道德责任，也就是，在逐利和守法基础之上为社会做出额外的积极贡献，既包括满足社会的既有期待，也包括在没有期待的条件下自愿为社会提供的惊喜。近年来，国际组织、行业协会围绕社会责任这一议题，提出了一系列劝说性的倡议和指南，包括《联合国全球契约》、《道琼斯可持续发展指数》、《采掘业透明度倡议》、《赤道原则》、《环境、社会及治理标准》、《ISO-26000》、《SA-8000》，经合组织也在推广《跨国公司行为准则》；《全球报告倡议》则为企业社会责任设定了更为细致的指标体系。中国在享有比较优势的国际贸易中逐步接受和掌握了双边及多边的硬性交易规则，而对于一些涉及环境、人权等软性的规则，由于意识形态的差异，中国常常将之视为非技术性壁垒而予以排斥，甚至谴责。然而，大部分的社会责任都属于软性的规则，需要在价值认同的前提下自愿遵守。在此方面，中国企业依然需要更多的时间，予以学习、接纳、磨砺和创新。

刘宝成

对外经济贸易大学国际经济伦理中心

2018 年 1 月 16 日

第1章

企业社会责任概念的演进

企业社会责任（corporate social responsibility, CSR）的概念形成于20世纪50年代。根据企业社会责任指导原则、行为表现、推动力量和政策工具的不同，弗雷德里克（Frederick）将其发展划分为4个阶段。（参见表1-1）

表1-1 企业社会责任的发展阶段

CSR₁：企业社会管理（20世纪50-60年代）

- 指导原则：企业管理者作为公众受托人以及社会管家的角色
- 企业行为：企业慈善
- 推动力量：管理者的良知与企业声誉
- 政策工具：企业慈善，公共关系

CSR₂：企业社会响应（20世纪60-70年代）

- 指导原则：企业应该对正当的社会需求做出回应
- 企业行为：加强利益相关者互动，遵守国家政策
- 推动力量：利益相关者压力和政府规制
- 政策工具：利益相关者协商，合规管理

CSR₃：企业/商业伦理（20世纪80-90年代）

- 指导原则：建立并维护负责任的企业文化
- 企业行为：对所有的利益相关者给予尊重
- 推动力量：人权以及宗教与民族价值观

- 政策工具：企业愿景，伦理规范，社会契约

CSR₄：全球企业公民（20 世纪 90 年代-21 世纪初）

- 指导原则：接受并承担企业作为全球公民的责任
- 企业行为：采纳并实施全球可持续方案
- 推动力量：全球化对经济和环境的影响
- 政策工具：国际准则，可持续政策

资料来源： Frederick, W. C. (2009). Corporate Social Responsibility: Deep Roots, Flourishing Growth, Promising Future. In Crane, A., McWilliams, A., Matten, D., Moon, J., & Siegel, D. S. (Eds.), The Oxford Handbook of Corporate Social Responsibility (pp. 522-531). New York: Oxford University Press.

20 世纪 50-60 年代

美国学者霍华德·鲍恩（Howard R. Bowen）于 1953 年出版的《商人的社会责任》（Social Responsibilities of the Businessman）一书被认为是第一部关于现代企业社会责任研究的专著。他认为，商人的"社会责任"与"公共责任"、"社会义务"及"商业伦理"的含义相近，指的是"将社会目标与价值观纳入企业政策制定及经营决策的义务"。[1]

20 世纪 60 年代，关于企业社会责任的研究逐渐增多，"什么是企业的社会责任"以及"企业是否应当承担社会责任"成为学术界讨论的焦点。戴维斯（Davis）认为，在企业管理的语境下，商人的社会责任意味着一种超越经济与技术利益的伦理决策，这种决策往往会为企业带来长期的回报。商人的社会责任应当与社会权力

---

[1] Bowen, H. R. (2013). Social Responsibilities of the Businessman. Iowa City: University of Iowa Press.

相称，企业对社会责任的逃避将导致其社会权力的逐步丧失。[2]弗雷德里克认为，企业社会责任理念强调企业生产经营应当符合公众的期望，企业应当充分利用其资源以实现广泛的社会目标。[3]麦克奎尔（McGuire）将企业的社会责任界定为超越于经济与法律层面之外的社会义务，认为企业必须对政治、社区福利、教育、员工幸福等问题给予必要的关注。[4]

与此同时，也有一些学者提出了反对企业承担社会责任的主张。例如，哈佛大学教授西奥多·莱维特（Theodore Levitt）认为，倡导企业承担社会责任有悖于企业的逐利本质，解决公共福利问题是政府的责任而非企业的义务。[5]新古典主义经济学家米尔顿·弗里德曼（Milton Friedman）坚称，在自由市场经济体制下，"企业有且只有一项社会责任，即在博弈规则允许的范围内，充分利用自身资源，以实现利润水平的提高"。[6]

20 世纪 60-70 年代

20 世纪 60-70 年代，环境保护运动、消费者权益运动和劳工权益运动的发展及相关法规的出台极大地促进了企业社会责任理念

---

[2] Davis, K. (1960). Can Business Afford to Ignore Social Responsibilities? California Management Review, 2, 70-76.

[3] Frederick, W. C. (1960). The Growing Concern over Business Responsibility. California Management Review, 2, 54-61.

[4] McGuire, J. W. (1963). Business and Society. New York: McGraw-Hill.

[5] Levitt, T. (1958). The Dangers of Social Responsibility. Harvard Business Review, September-October, 41–50.

[6] Friedman, M. (1970). The Social Responsibility of Business is to Increase its Profits. The New York Times, September 13.

的传播。企业社会责任的定义不断丰富，并被赋予了更多的实践意义。

约翰逊（Johnson）提出了企业履行社会责任的对象，他认为一家对社会尽责的企业不仅着眼于为股东谋利，还将员工、供应商、经销商、当地社区以及国家利益纳入考虑。[7]斯坦纳（Steiner）将社会责任与商业利益联系起来，他认为企业社会责任是一种"开明的自利主义（enlightened self-interest）"，追求社会目标可使企业获得长期的收益。[8]

美国经济发展委员会（Committee for Economic Development, CED）1971 年提出了企业社会责任的同心圆模型，将企业社会责任划分为三个层次，强调企业社会责任的内容将随着企业与社会之间的契约变化而不断发展。其中，高效履行经济职能是企业最基本的责任，包括为社会提供产品、创造就业岗位、促进经济增长等；将社会价值观融入企业实践构成第二层次的企业责任，如注重环境保护、保障顾客及员工权益等；而更加广泛的企业责任则涵盖解决社会问题、促进社会进步等内容。（参见图 1-1）

---

[7] Johnson, H. L. (1971). Business in Contemporary Society: Framework and Issues. Belmont, CA: Wadsworth.

[8] Steiner, G. A. (1971). Business and society. New York: Random House.

图 1-1 企业社会责任同心圆模型

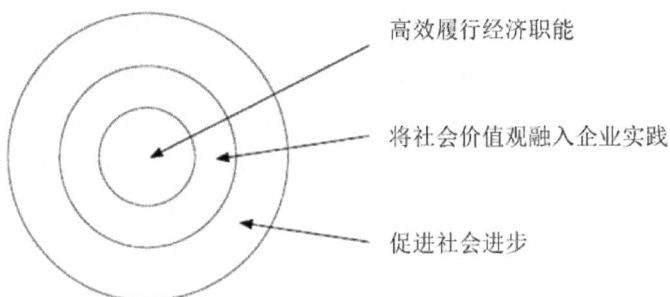

高效履行经济职能

将社会价值观融入企业实践

促进社会进步

资料来源： Committee for Economic Development. (1971). Social Responsibilities of Business Corporations. New York.

　　卡罗尔（Carroll）提出了企业社会责任金字塔模型，基于企业与社会的关系，将企业社会责任划分为经济责任、法律责任、道德责任以及自主裁量的责任（慈善责任）4 个类别。具体而言，作为市场系统的基本组成单位，企业的根本功能在于通过商品或服务的生产和流通满足特定的社会需求，其发展的动力始终源于对利润的追逐。法律和道德则以成文和非成文的形式规定了企业的权利与义务，继而从公共利益和社会可持续发展的角度对企业的经营活动予以约束和引导，二者均反映了社会对企业的期待。履行法律责任是企业活动的底线，否则将面临经济的乃至法律的处罚；践行道德责任虽然属于企业的自愿行为，但忽视这一责任将导致交易费用的提高和品牌价值的降低。例如，企业慈善便属于道德责任的范畴，是企业旨在提高社会福利水平而向社区提供有形或无形资源的公益捐赠行为，其本质上并不构成企业必须履行的义务。然而社会道德期待水平的高低决定了企业道德响应的强度，如果社会普遍以低水平的企业慈善作为企业道德失范的判定依据，则慈善责任即成为企业不得不履行的社会义务。换言之，慈善责任与道德责任的区别主要在于，后者更加强调社会对企业作为经济组织的普遍约束，前者则更多地反映了社会对企业作为社会公民的广泛期望。（参见图1-2）

图1-2 企业社会责任金字塔模型

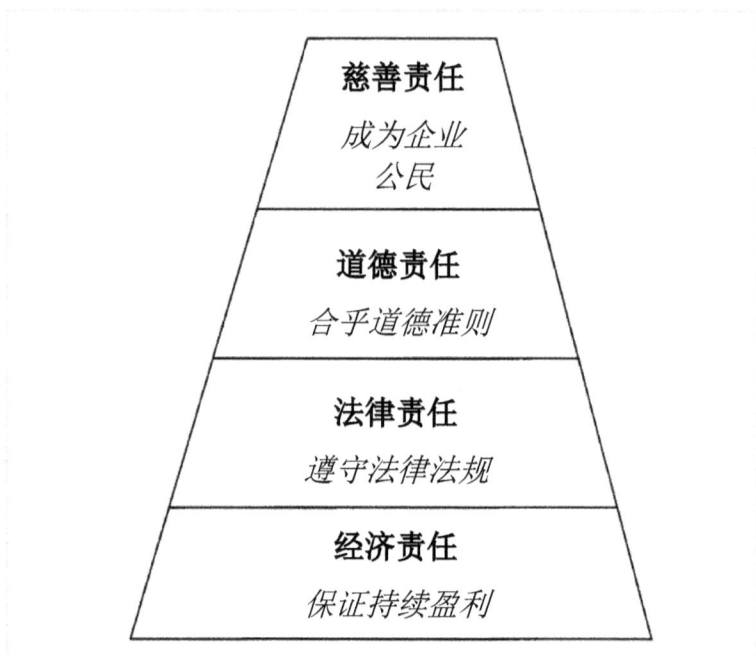

资料来源：Carroll, A. B. (1991). The Pyramid of Corporate Social Responsibility: Toward the Moral Management of Organizational Stakeholders. Business Horizons, 34(4), 39-48.

在此基础上，卡罗尔进一步提出了基于社会责任、社会问题和社会响应[9]的企业社会绩效（corporate social performance，CSP）模型，主张将社会责任理念纳入企业的管理过程。（参见图 1-3）

图 1-3 卡罗尔的企业社会绩效模型

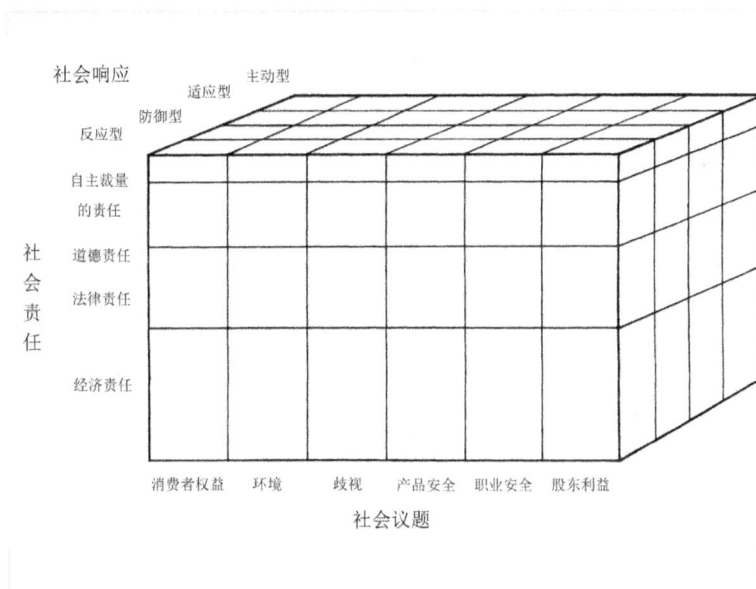

资料来源：Carroll, A. B. (1979). A Three-Dimensional Conceptual Model of Corporate Performance. Academy of Management Review, 4(4), 497-505.

---

[9] 根据弗雷德里克的界定，企业社会响应（corporate social responsivenes）指的是企业对社会压力做出回应的能力。参见 Frederick, W. C. (1978). From CSR₁ to CSR₂: The Maturing of Business and Society Thought. University of Pittsburgh, Working Paper No. 279.

20 世纪 80-90 年代

20 世纪 80 年代，随着经济全球化进程的不断加速和跨国公司的对外扩张，人与自然的矛盾、资本与劳工的矛盾愈发明显，环境保护、劳工权益及人权问题日益受到国际社会的广泛关注。在此背景下，企业社会责任运动首先在欧美发达国家兴起，并逐渐演变成一股世界潮流。与此同时，学术界也更加关注社会责任理念在商业实践中的应用，"企业如何履行社会责任"和"社会责任实践对企业发展的影响"成为各界学者关注的焦点。

1984 年，爱德华·弗里曼（R. Edward Freeman）在《战略管理：利益相关者方法》（Strategic Management: A Stakeholder Approach）一书中对利益相关者理论进行了系统的阐述。广义而言，利益相关者即对企业目标的实现具有影响及企业在实现其目标的过程中将影响到的组织或个人。利益相关者管理的核心思想是，企业在为股东创造利润的同时，应兼顾其他利益相关者的诉求，通过营造和谐合作的关系实现自身的可持续发展。（参见图 1-4）

图1-4 利益相关者框架

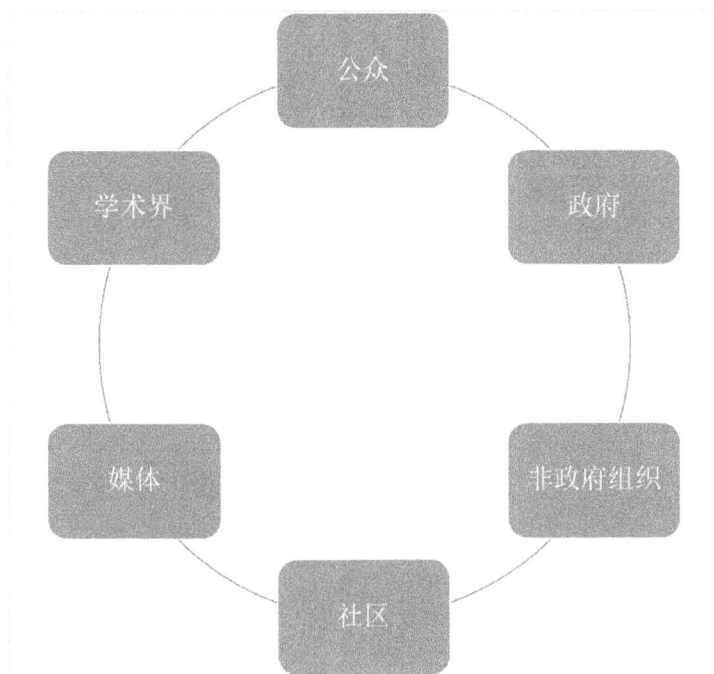

资料来源： 作者整理

沃蒂克（Wartick）和科克伦（Cochran）以及伍德（Wood）等学者对卡罗尔的企业社会绩效模型进行了修正。沃蒂克和科克伦认为，企业社会责任的核心是道德层面的责任，而企业社会响应则是实现企业社会责任的途径（参见表 1-2）。企业社会绩效模型反映了企业社会责任原则、社会响应过程和为解决社会问题而制定相应政策三者之间的潜在互动（参见图 1-5）。伍德认为，企业社会绩效衡量了特定企业的社会责任原则、社会响应过程及其他可观测的社会政策、社会项目与社会效益，是企业社会责任实践的结果（参见图 1-6）。

表1-2 企业社会责任和企业社会响应的区别

	社会责任	社会响应
主要考虑因素	道德的	实际的
分析单位	社会	企业
焦点	目的	手段
目的	"向外的"	"向内的"
重点	义务	响应
企业角色	道德代理人	商品和服务生产商
决策框架	长期	中短期

资料来源：Wartick, S. L., & Cochran, P. L. (1985). The Evolution of the Corporate Social Performance Model. Academy of Management Review, 10, 758-769.

图1-5 Wartick 和 Cochran 的企业社会绩效模型

原则	过程	政策
企业社会责任	企业社会响应	社会议题管理
(1) 经济责任	(1) 反应型	(1) 议题识别
(2) 法律责任	(2) 防御型	(2) 议题分析
(3) 道德责任	(3) 适应型	(3) 响应方案
(4) 自主裁量的责任	(4) 主动型	

指向：	指向：	指向：
(1) 企业的社会契约	(1) 对不断变换的社会环境做出响应的能力	(1) 使"意外"最小化
(2) 企业的道德代理人角色	(2) 运用管理方法制定响应策略	(2) 确定有效的企业社会政策
哲学导向	制度导向	组织导向

资料来源： Wartick, S. L., & Cochran, P. L. (1985). The Evolution of the Corporate Social Performance Model. Academy of Management Review, 10, 758-769.

图1-6 Wood 的企业社会绩效模型

社会责任原则

制度层面：合法性

组织层面：公共责任

个人层面：自主裁量的责任

社会响应过程
环境评估
利益相关者管理
公共事务管理

企业行为结果
社会影响
社会项目
社会政策

资料来源：Wood, D. J. (1991). Corporate Social Performance Revisited. Academy of Management Review, 16(4), 691-718.

20 世纪 90 年代-今

1997 年，国际可持续发展权威、英国学者约翰·埃尔金顿（John Elkington）提出了三重底线（tripple bottom line, TBL）的概念[10]。所谓"三重底线"指的是企业应履行的最基本的经济责任、环境责任和社会责任。他认为，企业除了关注盈利（profit）目标之外，还应当考虑企业运营对环境（planet）和人（people）的影响，并将之纳入企业的信息披露和绩效评价体系。（参见图1-7）

---

[10] Elkington, J. (1997). Cannibals with Forks: Triple Bottom Line of 21st Century Business. Capstone.

图1-7 三重底线框架

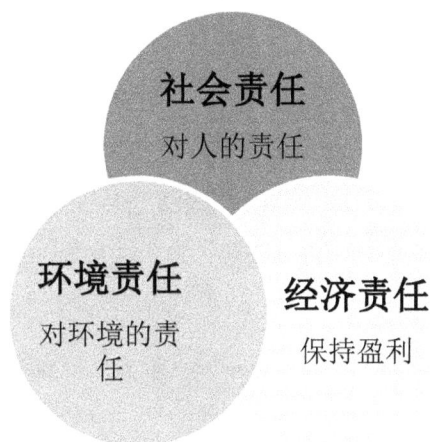

社会责任
对人的责任

环境责任
对环境的责任

经济责任
保持盈利

资料来源：作者整理

　　1999 年，时任联合国秘书长科菲·安南（Kofi Annan）在世界经济论坛提出了"全球契约（Global Compact）"计划。该计划于次年正式实施，号召各国企业自觉遵守人权、劳工标准、环境保护和反腐败 4 个方面的 10 项原则，携手政府等公共机构应对全球化进程中的各种挑战，参与解决人类共同面临的如贫富分化、自然资源消耗、生态环境恶化等世界性问题。

　　此后，许多国际组织也对全球化背景下的企业社会责任进行了界定。例如，世界可持续发展工商理事会（World Business Council for Sustainable Development，1999）将企业社会责任定义为企业恪守伦理原则，促进经济发展，并为企业员工及其家属、当地社区以至社会整体生活水平的提升做出贡献的长期承诺。欧盟委员会（European Commission，2001）认为企业社会责任指企业将其对社会和环境的关切整合到企业经营运作及与利益相关者互动之中的自愿行为。

如今，"企业公民（corporate citizenship）"逐渐成为国际盛行的用来表达企业社会责任的术语。2002 年，世界经济论坛（World Economic Forum，WEF）提出了全球企业公民的四大责任范畴，包括优秀的企业治理与伦理行为、对人的责任、对环境的责任和对发展的广义贡献。当年，34 家全球知名跨国企业领导人签署了全球企业公民行动框架，承诺将社会责任纳入企业的核心战略。（参见图 1-8）

图 1-8 全球企业公民框架

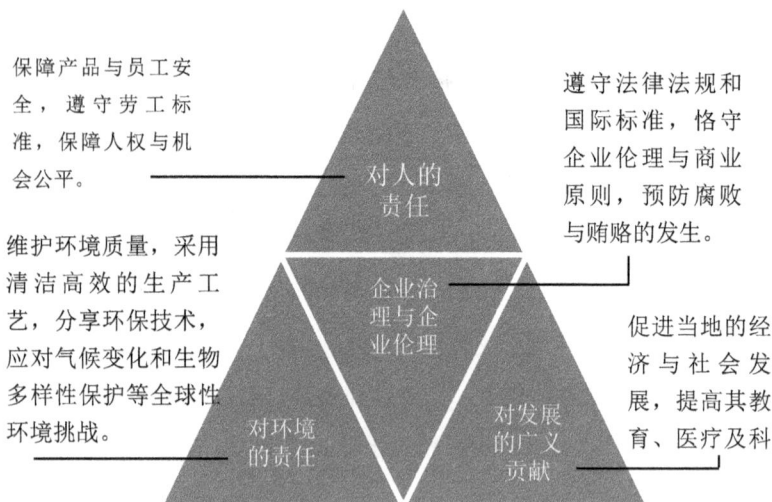

保障产品与员工安全，遵守劳工标准，保障人权与机会公平。

维护环境质量，采用清洁高效的生产工艺，分享环保技术，应对气候变化和生物多样性保护等全球性环境挑战。

遵守法律法规和国际标准，恪守企业伦理与商业原则，预防腐败与贿赂的发生。

促进当地的经济与社会发展，提高其教育、医疗及科

对人的责任

企业治理与企业伦理

对环境的责任

对发展的广义贡献

资料来源：World Economic Forum. (2002). Global Corporate Citizenship: The Leadership Challenge for CEOs and Boards. WEF and the Prince of Wales Business Leaders Forum, Geneva.

时至今日，国际社会和学术界对企业社会责任的内涵和外延尚未达成全面的共识。研究发现，现存的企业社会责任定义普遍包含利益相关者、社会、经济、自愿、环境 5 大要素。[11]

企业社会责任的概念边界

长期以来，关于企业社会责任的概念，无论就其内涵还是外延而讲，一直存在不同的认识和解读。最为流行的三重底线或者 3Ps 概念存在明显的逻辑谬误。试问，既然是社会责任，它又如何既包含社会责任，又涵涉了经济责任和环境责任呢？又有人提出守法责任也是社会责任的一部分，而守法是一个企业赖以生存的底线，谈不上履行责任，就像一个人不在公共场合乱丢垃圾不应被视为履行社会责任一样。履行职分，例如律师保护当事人的利益，一个企业提供安全的产品，这也不应被纳入社会责任的范畴。追求经济利益是企业的本能，就像一个人从事一份工作而赚取工资，这又如何与其社会责任想联系呢？而如今，大量的社会责任报告有意或无意地混淆了社会责任的概念，将履行基本的法律义务、企业职分、盈利水平，统统归入社会责任，以此制造虚假的社会责任形象。究其实际，所谓社会责任，它仅限于在发挥本能、遵守法律和履行职分至上，企业主动地满足社会的道德期待（例如，在法定排放标准的基础上主动减排）或者自愿地为社会做出额外的贡献（例如，自愿资

---

[11] Dahlsrud, A. (2006). How Corporate Social Responsibility is Defined: an Analysis of 37 Definitions. Corporate Social Responsibility and Environmental Management, 15(1):1-13.

助公益项目）。由此可见，在表 1-3 中，只有 3 和 4 才能被纳入社会责任的概念范畴。

表 1-3 社会责任的边界

	Class 层级	Approach 态度	Driver 驱动力	Nature 性质	Reaction 后果
4	Philanthropy 仁善	Willing to 自然	Conscience 主体自觉	Discretion 自愿	Praise worthy 赞誉
3	Responsibil- ity 责任	Should 应然	Moral expectation 道德期待	Misconduct 失误	Denuncia- tion 谴责
2	Duty 职分	Ought to 应然	Profession 职业规范	Indiscipline 失职	Reprimand 处分
1	Obligation 义务	Have to 必然	Regulation 法律规章	Offense 违法	Punishment 惩罚

第 2 章

企业社会责任运动的发展

冷战结束后，全球意识形态渐趋融合，经济一体化进程不断加速，信息透明度空前提高。在此三大关键因素的驱动之下，商业伦理逐步成为国际社会关注的焦点，并进一步呈现法制化的趋势。作为商业伦理的核心内容，企业社会责任的内涵不断丰富，外延亦不断扩展。如今，围绕环境保护、社区关系、产品安全、劳工权益、公平竞争、商业诚信等诸多议题，国际组织、主权国家、行业机构、民间团体纷纷发出倡议，制定规范，推动立法。在此背景之下，企业要么以合规的方式被动适应，要么以主动的行为引领社会责任的发展。此外，从事跨国经营活动的企业要面临本国、东道国乃至第三国众多利益相关方的期待和责任规范，自觉地将社会责任纳入企业的经营战略，构成了企业在国内外市场持续获取竞争优势的重要途径。

国际组织倡议

联合国相关倡议与公约

可持续发展目标

2000 年，《联合国千年宣言》确立了一个宏伟的人类发展愿景，即以减贫为核心的 8 项千年发展目标（Millennium Development Goals，MDGs）。2015 年，随着千年发展目标的到期，联合国进一步提出了 17 项可持续发展目标（Sustainable Development Goals，SDGs），以指导 2016-2030 年的全球发展工作。相较而言，可持续发展议程更加重视发达国家与发展中国家的包容合作以及不同国家的国情差异，强调尊严、人、繁荣、地球、公正、伙伴关系等六大基本要素对目标达成的促进作用。（参见表 2-1，图 2-1）

表 2-1 联合国千年发展目标与可持续发展目标

千年发展目标
1.　消灭极端贫穷和饥饿
2.　实现普及初等教育
3.　促进两性平等并赋予妇女权力
4.　降低儿童死亡率
5.　改善产妇保健
6.　与艾滋病、疟疾和其他疾病作斗争
7.　确保环境的可持续能力
8.　制订促进发展的全球伙伴关系

可持续发展目标

1. 在世界各地消除一切形式的贫穷

2. 消除饥饿，实现粮食安全，改善营养和促进可持续农业

3. 确保健康的生活方式，促进各年龄段所有人的福祉

4. 确保包容和公平的优质教育，促进全民享有终身学习机会

5. 实现性别平等，增强所有妇女和女童的权能

6. 确保为所有人提供和可持续管理水和环境卫生

7. 确保人人获得负担得起、可靠和可持续的现代能源

8. 促进持久、包容和可持续的经济增长，促进实现充分和生产性就业及人人有体面工作

9. 建设有复原力的基础设施，促进具有包容性的可持续的产业化，并推动创

10. 减少国家内部和国家之间的不平等

11. 建设具有包容性、安全、有复原力和可持续的城市和人类住区

12. 确保可持续消费和生产模式

13. 采取紧急行动应对气候变化及其影响[*]

14. 保护和可持续利用海洋和海洋资源促进可持续发展

15. 保护、恢复和促进可持续利用陆地生态系统，可持续管理森林，防治荒漠化，制止和扭转土地退化现象，遏制生物多样性的丧失

16. 促进有利于可持续发展的和平和包容性社会，为所有人提供诉诸司法的机会，在各级建立有效、负责和包容性机构

17. 加强实施手段，重振可持续发展的全球伙伴关系

> ＊《联合国气候变化框架公约》是商定全球气候变化对策的
> 主要国际政府间论坛

资料来源：http://www.un.org/millenniumgoals/;

http://www.un.org/sustainabledevelopment/sustainable-
development-goals/

图2-1 实现可持续发展议程的六大基本要素

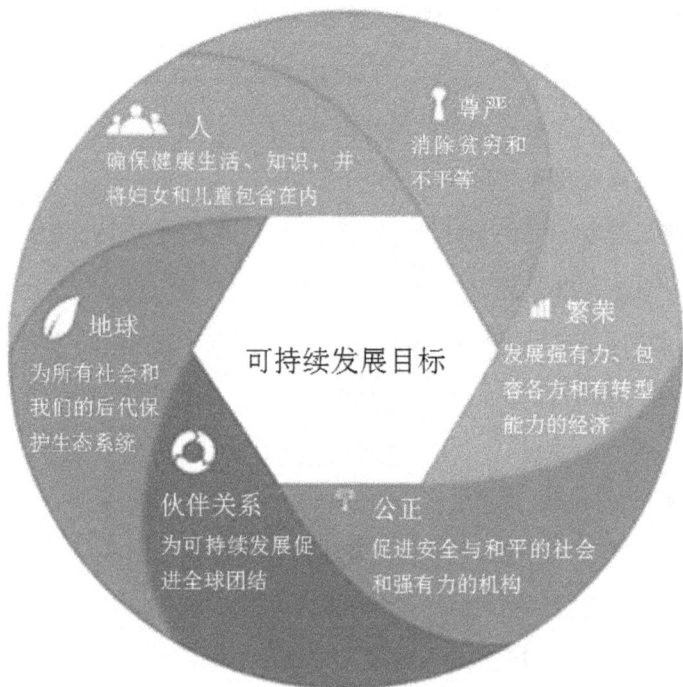

资料来源：

http://www.un.org/ga/search/view_doc.asp?symbol=A/69/700&Lang=E

　　2016 年，中国先后发布了《落实 2030 年可持续发展议程中方
立场文件》和《中国落实 2030 年可持续发展议程国别方案》，系

统阐述了中国关于落实可持续发展议程的原则和政策、已取得的成就和经验、面临的机遇和挑战以及总体路径和具体方案等。此外，中国还推动二十国集团制定了《二十国集团落实 2030 年可持续发展议程行动计划》，得到了国际社会的高度评价。

全球契约

2000 年，联合国全球契约计划在纽约联合国总部正式启动。作为一项自愿性质的倡议，全球契约旨在提升企业的全球公民意识，促进其将涉及人权、劳工、环境和反腐败问题的十项原则纳入企业的经营战略、日常运营及组织文化，同时构建政府、企业界、公民社会以及其他利益相关方之间的合作平台，以促进诸如联合国千年发展目标和可持续发展目标的达成。截至 2016 年末，已经有超过170 个国家的一万余家企业加入了该计划。[12]（参见表 2-2）

表 2-2 联合国全球契约十项原则

人权
1. 企业应当尊重和维护国际公认的各项人权
2. 决不参与任何漠视和践踏人权的行为
劳工
3. 企业应当维护结社自由，承认劳资集体谈判的权利
4. 消除各种形式的强迫劳动
5. 消灭童工制
6. 杜绝任何在用工与职业方面的歧视行为

---

[12] https://www.unglobalcompact.org/what-is-gc/participants

环境

7. 企业应当对环境挑战未雨绸缪

8. 主动增加对环保所承担的责任

9. 鼓励开发和推广环境友好型技术

反腐败

10. 企业应当反对包括敲诈勒索和行贿受贿等各种形式的贪腐行为

注：全球契约提出的十项原则以《世界人权宣言》、《国际劳工组织关于工作中的基本原则和权利宣言》、《里约环境与发展宣言》和《联合国反腐败公约》为蓝本，已得到了国际社会的广泛认可。

资 料 来 源： https://www.unglobalcompact.org/what-is-gc/mission/principles

工商业与人权问题指导原则

2011 年，联合国人权理事会（United Nations Human Rights Council）提出了工商业与人权问题指导原则（UN Guiding Principles on Business and Human Rights），为国家和企业预防和应对商业活动中的人权问题提供了全球标准。指导原则以"保护、尊重和补救"框架为基础，包括三大支柱：

- 国家保护人权的义务：国家具有尊重、保护和实现人权和基本自由的现有义务，须保障国家领土和/或管辖范围内的人权不受第三方（包括工商企业）的侵犯。

- 企业尊重人权的责任：工商企业应当避免侵犯他人的人权，积极预防和应对其商业活动对人权造成的负面影响；

- 获得补救：对于国家领土和/或管辖范围内发生的与商业相关的侵犯人权事件，国家有义务通过司法、行政、立法或其他适当的手段，使受害者获得有效的补救。

国际劳工组织公约

国际劳工组织（International Labor Organization，ILO）作为联合国专门机构，旨在促进充分就业和提高生活水平，促进劳资双方合作，扩大社会保障措施，保护工人生活与健康，主张通过劳工立法来改善劳工状况，进而获得世界持久和平，促进社会正义。该组织采用国际劳工公约和国际劳工建议书的形式制定国际劳工标准，其内容涵盖结社自由、集体谈判、劳资关系、废除强迫劳动、废除童工、机会和待遇平等。中国是国际劳工组织的创始国之一。截至目前，中国共批准了 26 项国际劳工公约。（参见表 2-3）

表 2-3 *中国已批准的国际劳工公约*

编号	公约名称	国际劳工组织通过的时间	中国批准的时间
C007	确定准许儿童在海上工作的最低年龄公约	1920 年	1936 年 12 月 2 日
C011	农业工人的集会结社权公约	1921 年	1934 年 4 月 27 日
C014	工业企业中实行每周休息公约	1921 年	1934 年 5 月 17 日
C015	确定准许使用未成年人为	1921 年	1936 年 12 月 2

	扒炭工或司炉工的最低年龄公约		日
C016	在海上工作的儿童及未成年人的强制体格检查公约	1921 年	1936 年 12 月 2 日
C019	本国工人与外国工人关于事故赔偿的同等待遇公约	1925 年	1934 年 4 月 27 日
C022	海员协议条款公约	1926 年	1936 年 12 月 2 日
C023	海员遣返公约	1926 年	1936 年 12 月 2 日
C026	制定最低工资确定办法公约	1928 年	1930 年 5 月 5 日
C027	航运的重大包裹标明重量公约	1929 年	1931 年 6 月 24 日
C032	船舶装卸工人伤害防护公约（1932 年修正）	1932 年	1935 年 11 月 30 日
C045	各种矿井下劳动使用妇女公约	1935 年	1936 年 12 月 2 日
C059	确定准许使用儿童于工业的最低年龄公约（1937 年修正）	1937 年	1940 年 2 月 21 日
C080	对国际劳工组织全体大会最初二十八届会议通过的各公约予以局部的修正以	1946 年	1947 年 8 月 4 日

	使各该公约所赋予国际联盟秘书长的若干登记职责今后有所规定并因国际联盟的解散及国际劳工组织章程的修正而将各该公约一并酌加修正的公约		
C100	对男女工人同等价值的工作付予同等报酬公约	1951 年	1990 年 11 月 2 日
C111	消除就业和职业歧视公约	1958 年	2006 年 1 月 12 日
C122	就业政策公约	1964 年	1997 年 12 月 17 日
C138	准予就业最低年龄公约	1973 年	1999 年 4 月 28 日
C144	三方协商促进履行国际劳工标准公约	1976 年	1990 年 11 月 2 日
C150	劳工行政管理公约	1978 年	2002 年 3 月 7 日
C155	职业安全和卫生及工作环境公约	1981 年	2007 年 1 月 25 日
C159	（残疾人）职业康复和就业公约	1983 年	1988 年 2 月 2 日
C167	建筑业安全卫生公约	1988 年	2002 年 3 月 7 日

C170	作业场所安全使用化学品公约	1990 年	1995 年 1 月 11 日
C182	禁止和立即行动消除最恶劣形式的童工劳动公约	1999 年	2002 年 8 月 8 日
MLC	2006 年海事劳工公约	2006 年	2015 年 11 月 12 日

资料来源：

http://www.ilo.org/dyn/normlex/en/f?p=1000:11200:1176979250381565:::P11200_INSTRUMENT_SORT:4

负责任投资原则

负责任投资原则（Principles for Responsible Investment，PRI）由联合国环境规划署金融倡议组织（United Nations Environment Program Finance Initiative，UNEP FI）和联合国全球契约共同发起，旨在推动机构投资者自觉将环境、社会和治理（ESG）问题纳入投资决策过程，进而实现投资目标与社会目标的统一。截至 2016 年 4 月，全球约 1 500 家投资机构签署了该倡议，其投资规模超过 60 万亿美元。（参见表 2-4、图 2-2）

表2-4 负责任投资原则

1. 将环境、社会和治理（ESG）问题纳入投资分析与决策过程
2. 成为积极的资产所有者，将 ESG 问题纳入股权政策与实践
3. 对投资对象的 ESG 问题进行适当披露
4. 提高业界对负责任投资原则的认可度与执行力
5. 合作推动负责任投资原则的有效执行
6. 分享依此原则采取的措施和取得的进步

资料来源：https://www.unpri.org/about

图2-2 2006-2016 年签署 PRI 的机构数量及其投资规模

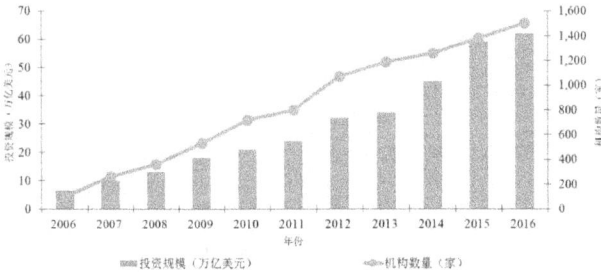

资料来源：https://www.unpri.org/about

欧盟企业社会责任战略

2001 年，欧盟委员会发布了题为《关于推动欧洲企业社会责任建设框架》（Promoting a European Framework for Corporate Social Responsibility）的绿皮书，将"企业社会责任"定义为"企业将其对社会和环境的关切整合到企业经营运作及与利益相关者互动之中的自愿行为",旨在发起一场关于企业社会责任的讨论,以推动欧盟国家的企业社会责任建设。

2002 年,欧盟委员会发布了题为《企业对可持续发展的贡献》(Business Contribution to Sustainable Development)的报告,提出了欧盟企业社会责任行动框架。同年,欧盟委员会举办了第一届"企业社会责任多方利益相关者论坛",旨在促进企业社会责任实践交流,建立共同的指导原则。

2006 年,欧盟委员会发布《实施以就业与发展为目标的伙伴关系:使欧洲成为企业社会责任的卓越标杆》(Implementing the Partnership for Growth and Jobs: Making Europe a Pole of Excellence on Corporate Social Responsibility),强调企业社会责任在促进经济可持续发展以及社会就业等方面的重要作用。

2011 年,欧盟委员会公布了《2011-2014 年欧盟企业社会责任新战略》(A Renewed EU Strategy 2011-14 for Corporate Social Responsibility)。该战略对企业社会责任进行了重新定义,即企业社会责任指的是"企业对其社会影响的责任",取消了自愿性的要素,在一定程度上预示着欧盟将加强对企业社会责任的强制性法律规定。此外,该战略提出了欧盟在 2011-2014 年的企业社会责任行动计划,涉及以下 8 个方面:

1. 提高企业社会责任的可视性并对优秀案例进行推广;

2. 提高公民对商业的信任度并对此数据进行跟踪调查;

3. 完善企业自律和企业同其他组织间的共同管理机制;

4. 完善企业社会责任的市场激励机制;

5. 提高企业对社会和环境绩效的披露程度;

6. 将企业社会责任理念融入教育、培训和研究之中；

7. 强调国家和地方层面企业社会责任政策的重要性；

8. 提高欧洲企业社会责任实践与全球标准的兼容性。

经合组织跨国企业准则

1976 年，经济合作与发展组织（Organization for Economic Cooperation and Development，OECD）制定了《跨国企业准则》（OECD Guidelines for Multinational Enterprises）。2011 年，该《准则》通过第 5 次修订，内容涵盖信息披露、人权、就业与劳资关系、环境、反腐败、消费者权益、科学技术、竞争、税收等议题，是迄今为止唯一由政府签署并承诺执行的综合性跨国企业行为准则。目前，34 个 OECD 国家和 12 个非 OECD 国家[13]均对此表示支持，并设立了国家联络点（National Contact Point，NCP），通过举办活动、开展调查、为利益相关方搭建调解与斡旋平台等方式，推动《准则》的有效执行。

采掘业透明度行动计划

在很多富资源国家，来自石油、天然气和采矿业的金钱往往与贫困、冲突和腐败相连，这一现象被称为"资源诅咒"。2002 年，时任英国首相托尼·布莱尔（Tony Blair）在约翰内斯堡世界可持续发展峰会上发起采掘业透明度行动计划（Extractive Industries Transparency Initiative，EITI），倡议各国提高采掘业

---

[13] 阿根廷、巴西、哥伦比亚、哥斯达黎加、埃及、约旦、拉脱维亚、立陶宛、摩洛哥、秘鲁、罗马尼亚、突尼斯。

透明度并加强责任追究制度。截至 2016 年末，EITI 标准已经被 50 余个国家所采纳。[14]

SA8000

1997 年，社会责任国际组织（Social Accountability International，SAI）制定了全球首例企业社会责任认证标准 SA8000（Social Accountability 8000），得到了欧美工商界的积极响应和消费者的广泛支持。2014 年，SA8000 经过第 5 次修订，内容涉及童工、强迫或强制劳动、健康与安全、结社自由与集体谈判权、歧视、惩戒性措施、工作时间、报酬以及管理体系等 9 个方面的要求。

GRI

1999 年，全球报告倡议组织（Global Reporting Initiative，GRI）提出了一套包含经济、环境、社会（包括劳工实践与体面工作、人权、社会、产品责任 4 个子类）3 个维度的可持续发展报告框架及相关的绩效评价指标，为企业社会责任信息披露提供了参考。2013 年，该组织发布了第 4 版可持续发展报告指南 G4，目前已经被来自 90 余个国家的数千家企业所采纳。[15]

ISO26000

2010 年，国际标准化组织（International Organization for Standardization，ISO）发布了 ISO26000 社会责任指南。该

---

[14] https://eiti.org/countries

[15] https://www.globalreporting.org/information/about-gri/Pages/default.aspx；http://database.globalreporting.org/

指南的制定历时 5 年，由发达国家和发展中国家的众多利益相关方共同参与开发，适用对象包括公共部门和私人部门的各类组织。其对"社会责任"的定义为"组织通过透明和合乎道德的行为为其决策和活动对社会和环境的影响而承担的责任。这些行为：

- 致力于可持续发展，包括社会成员的健康和社会的福祉；
- 考虑了利益相关方的期望；
- 符合适用法律法规并与国际行为规范相一致；
- 被融入整个组织并在组织关系中实施。"

在此基础上，ISO26000 提出了问责制、透明度、道德行为、尊重利益相关方利益、遵守法律法规、遵守国际行为规范、尊重人权 7 项原则，以及组织治理、人权保障、劳工权益、环境保护、公平运营、消费者权益、社区参与和发展 7 项管理议题。

社会责任立法

随着经济全球化的发展和跨国公司实力的壮大，加之 2008 年全球金融危机的爆发，许多国家意识到加强企业社会责任建设既是政府治理目标的一部分，也是解决社会和环境问题的有效手段。一些国家已将企业社会责任提升到国家战略高度，并加强了相关领域立法，以期促进本国的可持续发展和竞争力的提升。

例如，德国政府于 2010 年公布了企业社会责任国家战略，其目标包括：（1）让企业社会责任理念更加深入地根植于企业；（2）提高企业社会责任的可信度和宣传力度；（3）将企业社会责任融入教育、培训与科研活动；（4）加强企业社会责任的国际合作与政策制定；（5）鼓励企业积极承担社会责任以应对和解决社会问题；（6）持续营造有利于企业社会责任发展的环境。

法国政府公布了 2010-2013 年国家可持续发展战略，鼓励公共以及私人部门积极应对以下九大挑战，以实现绿色、公平的经济发展：（1）可持续消费与生产；（2）知识社会；（3）政府治理；（4）气候变化与能源；（5）可持续交通与运输；（6）生物多样性和自然资源的保护与可持续管理；（7）公共卫生、风险预防和管理；（8）人口、移民与社会包容；（9）全球可持续发展与世界反贫困挑战。

在立法方面，各国针对企业社会责任的立法活动主要围绕劳工权益、消费者权益、环境保护、公平竞争、反腐败等议题展开，并对企业透明度提出了更高的要求。2014 年，欧盟通过了"大公司非财务信息透明度和披露"立法，并要求各欧盟成员国在 2016 年末前将之纳入国内法律[16]。近年来，发展中国家的社会责任立法活动也有所增加。例如，塞拉利昂政府已经颁布木材出口禁令并敦促各部门加大监管力度，以保护本国的生态环境。2013 年，印度议会对公司法进行修订，将某些企业的社会责任由鼓励性质变成强制要求[17]。

对于本国企业的海外经营，各国立法首先聚焦于商业贿赂行为（参见表 2-5），继而向公司治理、利益相关者等更广泛的领域延伸。具体立法呈现如下特点：

---

[16] Council of the European Union. Press Release ST 13606/14 (Presse 481), Brussels, 29 September 2014.

[17] http://www.rmlt.com.cn/2014/0729/299018.shtml

1. 除散落在各个部门法和案例法中的部分条款以外，各国在加入相关国际公约的同时，纷纷制定单行法规，以规范本国企业的海外责任行为。

2. 将贿赂方面的立法从公共部门向私营部门延伸。

3. 设立贿赂犯罪推定原则。

4. 明确惩罚措施、监管机构和程序。例如，美国 1977 年制定的《反海外腐败法》（Foreign Corrupt Practices Act，FCPA）规定了明确的刑事、民事或行政责任；罚金目前为 200 万美元，但据选择性罚款法（Alternative Fines Act）的规定，亦可能高出更多。受到刑事指控的自然人，还面临 5 年以下的监禁，且终身不得从事相关行业。FCPA 案件的调查和诉讼，主要由美国证监会和司法部负责。后者负责刑事调查和诉讼以及对私人企业的调查，前者负责民事调查和对公众公司的诉讼。

5. 增设域外法权。例如美国《反托拉斯法》规定，美国企业在海外构成的垄断若损害美国利益，则美国具有治外法权。

6. 充分考虑到企业社会责任在跨文化领域的差异。例如，有些法律规定，在胁迫或当地法律明文允许的情况下，提供贿赂不属于违法。

7. 设立自查、外部监察、审计、举报等责任。例如，2005 年 5 月 20 日，美国司法部出具了一份处罚报告，因天津德普诊断产品有限公司在 1991-2002 年向中国国有医院医生行贿 162.3 万美元的现金，用来换取这些医疗机构购买其母公司——DPC（Diagnostic Products Corporation）公司的产品，

DPC 公司被判决向美国司法部和美国证券交易委员会分别缴纳 200 万美元和 204 万美元的罚款，同时缴纳 75 万美元的预审费等费用。而向美国司法部举报的，正是天津德普的母公司 DPC。

根据 FCPA 规定，在美国境内的外国人也可以成为该种犯罪主体，这意味着在美国从事跨国经营的中国企业和个人，包括通过境外上市载体或反向兼并方式在美国上市的中国企业都会受到此法的约束。此外，英国出台的新《反贿赂法》已于 2011 年生效，将商业组织在预防贿赂问题上应尽的职责上升到法律义务的层次，并将打击范围覆盖到英国本土以外的海外贿赂行为。

表 2-5 部分国家（地区）反贿赂/反腐败制度概览

司法管辖区	概述
澳大利亚	澳大利亚的反贿赂制度目前处于政府审核阶段，迄今鲜有相关的诉讼记录。然而，经合组织已经对此施加压力，促使反贿赂案件调查受到更多的关注，对例外情形的立法也有所收紧。
比利时	在比利时，无论公共部门还是私人部门，主动行贿还是被动受贿，均构成犯罪。根据该国《刑法典》的规定，贿赂行为一经证实，将处以罚金和监禁。
中	除单位犯贿赂罪外，2016年公布的《关于办理贪污贿赂刑事案件适用法律若干

国	问题的解释》对各类贿赂罪的追诉标准均作出了修订。相关的处罚包括拘役和死刑，并处以罚金。情节特别严重的，法院还可处没收财产。
法国	在法国，贿赂行为和利用影响力受贿均构成犯罪，最高可处以500万欧元的罚金。除此之外，法国还计划通过一系列合规方案改进现有制度，一方面更有效地防止该等犯罪行为，另一方面使其法规更接近美国《反海外腐败法》和英国《反贿赂法》确立的国际标准，从而在打击贿赂犯罪方面拥有更为一致的手段。
德国	德国法规对公共部门和私人部门的贿赂行为及行政违法行为的处罚作出了不同的规定。如果企业可以证明其已具备充分程序预防主动行贿和被动行贿，则可不被认定为商业贿赂罪。
中国香港	中国香港的反贿赂反腐败制度具有以下特点：由普通法及成文法所定罪行组成；行贿、索贿及受贿均构成犯罪；任何现任或曾任公职人员的人士持有与其现在或过去的公职薪俸不相称的财产将构成犯罪；适用于公共部门和私人部门，并具有域外效力；由专门的独立反腐败机构进行执法。
意大利	2001年第231号法令增设了意大利公司对于贿赂犯罪的责任；如果公司无法证明已采取充分的反贿赂程序和控制措施，则应承担责任。
沙特阿拉伯	《打击贿赂法》和《公职人员法》规定了各种形式的腐败犯罪行为，包括主动行贿和被动受贿。收受不法贿赂的，将处以10年以下监禁或最高100万里亚尔的罚金。
新加坡	新加坡核心反贿赂法规《预防腐败法》的适用范围覆盖了公私部门的行贿和受贿行为。根据该法的规定，只要通过给予好处（包括财务和非财务形式的好处）使受贿方得到"满足"即构

	成贿赂犯罪，并且不存在例外或抗辩事由。
西班牙	《西班牙刑法典》规定，公职人员及对公务负有特别义务的人员收受贿赂将受处罚。自 2010 年起，单位也将对贿赂犯罪负责，处罚也较重（例如，最高达 900 万欧元的罚金、公司被解散或终止）。公司可通过证明已经实施预防贿赂行为的合规方案以免于承担刑事责任，但该合规方案须经拥有独立权的公司机构或第三方法人实体认可。
阿拉伯联合酋长国	根据《阿拉伯联合酋长国联邦刑法典》，公私部门的贿赂和未遂贿赂行为均构成犯罪，但针对不同部门的犯罪规定存在差异。通过向雇员提供好处以促使其违背职责采取（或不采取）行动，即使该行为不属于其职责范围，都将构成贿赂犯罪。收受贿赂的一方即使没有违背职责的实际意图，上述行为仍构成贿赂犯罪。若贿赂犯罪主体或中间人在贿赂行为被发现之前进行举报，则可免受相应的处罚。适用的处罚措施视贿赂犯罪发生在公共部门还是私人部门而定，具体处罚包括 10 年以下监禁和罚金。

资料来源： 金杜律师事务所. 全球反贿赂反腐败制度纵览. http://www.kwm.com/zh/knowledge/downloads/anti-bribery-and-corruption-guide-2016-20160726

企业自觉行为

20 世纪 90 年代，跨国企业社会责任运动的兴起直接源于消费者运动的压力，其最初的表现形式为内部生产守则（code of conduct）的制定和实施。1991 年，美国李维斯公司（Levi Strauss）在被曝光生产"血汗工厂"产品后，率先制定了企业生产守则，以约束企业内部的生产经营行为，成为全球第一家自行制定生产守则的跨国公司。随后，耐克（Nike）、阿迪达斯（Adidas）、迪士尼（Disney）、沃尔玛（Walmart）、宜家（IKEA）等多家跨国公司开始仿效该做法，相继制定了自己的生产守则，并设置专门机构、配备专职人员，负责生产守则的执行与审查。但这种由跨国公司独立制定的生产守则往往更多地服从于自身的商业利益，而且其实施状况无法得到社会的监督。

在非政府组织、媒体和其他利益相关方的推动下，生产守则运动开始由跨国公司"自我约束（self-regulation）"的"内部生产守则"向"社会约束（social-regulation）"的"外部生产守则"转变。OECD 的统计数据显示，截至 2000 年，全球共有 246 个生产守则，其中 118 个由跨国公司自行制定，92 个由行业协会和贸易协会制定，32 个由非政府组织制定，4 个由国际组织制定。[18]

如今，许多跨国企业都主动采纳了国际通行的社会责任准则（参见表 2-6）。越来越多的企业意识到，随着全球化和信息化进程的不断加快和全球公民社会的发育，加强合规经营管理、在为股东创造利润的同时兼顾多方利益相关者的诉求，进而将人本思想纳入企业的内部治理和长期战略，已成为企业在国内外市场开展竞争并实现自身可持续发展的不二选择。

---

[18] 劳动和社会保障部劳动科学研究所课题组. 企业社会责任运动应对策略研究[J]. 经济研究参考，2004(81)：3-16.

表2-6 国际通行的社会责任准则

准则名称	适用行业
森林管理委员会（FSC）原则和标准	林业
海洋管理委员会（MSC）可持续渔业原则与标准	渔业
采掘业透明度行动计划（EITI）	石油、天然气及采矿业
赤道原则（EPs）	金融业
电子行业行为准则（EICC）	电子行业
国际玩具工业理事会（ICTI）商业运作规范	玩具行业
洁净成衣运动（CCC）标准守则	服装行业
道德贸易倡议（ETI）准则	多行业
公平劳工协会（FLA）工作场所行为准则	多行业
商界社会责任倡议（BSCI）行为守则	多行业
国际社会责任认证组织（WRAP）原则	多行业
全球社会责任合规方案（GSCP）参考准则	多行业
国际金融公司/世界银行《环境、健康与安全指南》	多行业
AA1000系列审计标准	多行业
SA8000社会责任标准	多行业
GRI可持续发展报告框架	多行业
ISO26000社会责任指南	多行业
ISO14001环境管理体系	多行业
ISO37001反贿赂管理体系	多行业
ISO20121项目可持续发展管理体系	多行业

资料来源：作者整理

社会责任投资（Socially Responsible Investment，SRI）的兴起进一步激励了企业主动履行社会责任的行为。国际著名的 MSCI KLD 400 社会指数（MSCI KLD 400 Social Index）、道琼斯可持续发展指数（Dow Jones Sustainability Indices，DJSI）、富时社会责任指数系列（FTSE4Good Index Series）等均是以企业社会责任表现为筛选标准的股票指数。[19]自 2008 年以来，此类指数也开始登陆中国资本市场。（参见表 2-7）

表 2-7 中外社会责任投资指数

指数名称	发布机构	发布时间
MSCI KLD 400 社会指数	摩根士丹利资本国际公司（MSCI，Inc.）和 KLD 研究分析公司	1990
道琼斯可持续发展指数	道琼斯公司（Dow Jones & Company）和瑞士投资公司 RobecoSAM	1999
富时社会责任指数	《金融时报》和伦敦证券交易所	2001
全球契约 100 指数	联合国全球契约组织和荷兰投资研究公司 Sustainalytics	2013
泰达环保指数	深圳证券信息有限公司和天津泰达股份有限公司	2008
巨潮-CBN-兴业全球基金社会责任指数	第一财经、兴业全球基金和深圳证券信息有限公司	2009
上证社会责任指数	上海证券交易所和中证指数有限公司	2009

资料来源： 作者整理

---

[19] 相关评价指标，参见附录1-附录3。

如今，社会责任投资理念已经得到国际投资者的普遍认可，这类投资者不仅关注企业的财务绩效，而且更加注重其在环境保护、劳工实践、社会参与等方面的表现。全球可持续发展投资联盟（Global Sustainable Investment Alliance，GSIA）发布的《2014 全球可持续投资报告》显示，2012-2014 年，全球各地区的可持续投资均呈现上涨之势。截至 2014 年初，全球可持续投资规模达到 21.4 万亿美元，较 2012 年初增长了 61%；采用可持续投资策略管理的资产规模占管理资产总额的 30.2%，较 2012 年初提高了 8.7%。（参见表 2-8，表 2-9）

表 2-8 2012-2014 年全球可持续投资规模

单位：十亿美元

地区	2012 年	2014 年	增长率
欧洲	8 758	13 608	55%
美国	3 740	6 572	76%
加拿大	589	945	60%
澳大利亚/新西兰	134	180	34%
亚洲	40	53	33%
合计	13 261	21 358	61%

资料来源：http://bit.ly/1FSoj9C

表 2-9 2012-2014 年全球采用可持续投资策略管理的资产份额

地区	2012 年	2014 年	增加值
欧洲	49.0%	58.8%	9.8%
加拿大	20.2%	31.3%	11.1%

美国	11.2%	17.9%	6.7%
澳大利亚	12.5%	16.6%	4.1%
亚洲	0.6%	0.8%	0.2%
全球	21.5%	30.2%	8.7%

资料来源：http://bit.ly/1FSoj9C

　　近年来，关于企业社会责任的全球榜单也有所增加。如《财富》、《福布斯》杂志发布的企业排名都包含对企业社会责任的评价，企业的社会责任表现将对其知名度和美誉度产生重要的影响。根据声誉研究所（Reputation Institute）发布的《2016 年全球企业社会责任声誉排行榜》（2016 Global CSR RepTrak 100），谷歌（Google）公司已经连续 3 年位居榜首，在企业公民实践、治理和工作场所 3 个维度上均有突出表现。其数据中心的能源消耗量不足同类设备的 50%，并承诺在可再生能源项目上投入超过 10 亿美元。

　　此外，社会责任理念还成为推动企业创新和可持续发展的重要力量。例如，3M 公司早在 1975 年就创立了著名的污染防治项目（Pollution Prevention Pays，简称 3P 计划），从污染源头抓起，重新规划产品，改善生产流程，设计生产设备，对废料进行循环利用。40 年来，该计划共减少了超过 210 万吨污染物的排放，累计为公司节省了近 20 亿美元的资金。[20]

---

[20] http://multimedia.3m.com/mws/media/1214315O/2016-3m-sustainability-report.pdf

第3章

中国企业"走出去"的发展历程

"走出去"一词指中国企业到海外市场开展经营业务与经济合作,主要方式包括对外直接投资、对外承包工程和对外劳务合作等。

1978 年,中国开始实行改革开放政策,党的十一届三中全会明确提出了"在自力更生的基础上积极发展同世界各国平等互利的经济合作"的要求。1979 年,国务院出台了"允许出国办企业"的经济改革措施。当年,北京市友谊商业服务总公司和日本东京丸一商事株式会社在东京开办了中国首家境外合资企业——京和股份有限公司,从而拉开了中国企业对外直接投资与跨国经营的序幕。

根据联合国贸易和发展会议(UNCTAD)的统计数据,中国的对外直接投资大致经历了 4 个发展阶段:(1)起步阶段(20 世纪 80 年代);(2)成长阶段(20 世纪 90 年代);(3)快速发展阶段(2001-2007 年);(4)规模骤增阶段(2008-2016 年)。各阶段的对外直接投资流量均值分别为 4.95 亿美元、23.31 亿美元、105.94 亿美元、983.70 亿美元。(参见图 3-1,图 3-2)

图3-1 1982-2016年中国对外直接投资流量

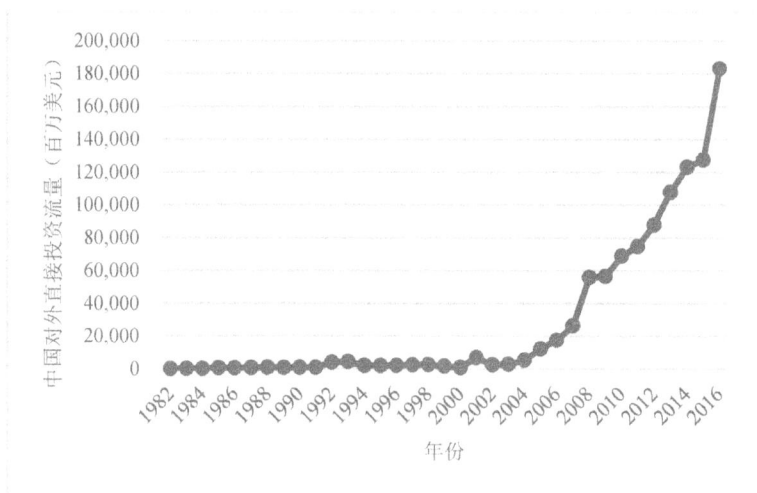

资料来源：UNCTAD 数据库

图3-2 1982-2016年中国对外直接投资各阶段流量均值

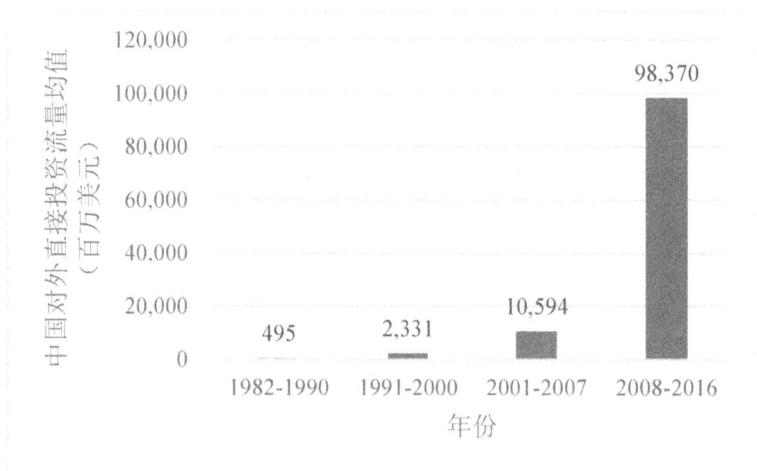

资料来源：UNCTAD 数据库

起步阶段

20 世纪 80 年代，由于中国的改革开放刚刚起步，国家的经济实力整体较弱，外汇储备极度匮乏，加之企业普遍缺乏跨国管理经验，因而对外直接投资的规模非常有限。

这一时期，国家对企业的海外投资活动采取了较为严格的限制措施。1983 年以前，中国的海外投资项目无论以何种方式出资或投资金额大小，一律需要报请国务院（外国投资管理委员会）审批。1983 年，国务院授权原对外经济贸易部（以下简称"外经贸部"）为中国企业对外直接投资的审批和管理部门。

1984 年，外经贸部发布了《关于在国外和港澳地区举办非贸易性合资经营企业审批权限和原则的通知》，规定有关企业无论投资金额大小，都必须经由省、市级外经贸主管部门向外经贸部申报审批。1985 年，外经贸部发布了《关于在境外开办非贸易性企业的审批程序和管理办法的试行规定》，规定中方投资 100 万美元及以上的项目，仍由外经贸部审批；中方投资 100 万美元以下的项目，则由地方外经贸部门征求中国驻外使（领）馆同意后审批。[21]

国家外汇管理局（以下简称"国家外管局"）分别于 1989 年和 1990 年发布了《境外投资外汇管理办法》和《境外投资外汇管理办法实施细则》。根据规定，用于境外投资的外汇资金一般应为境内投资者的自有外汇。非经外汇管理部门批准，境外企业的利润或其他外汇收益不得擅自挪用或留存境外。

---

[21] http://aaa.ccpit.org/Category7/Asset/2007/Jul/24/onlineeditimages/file71185259698809.pdf

《中国对外经济贸易年鉴》的统计数据显示，1979-1990 年间，经中国政府批准在境外投资兴办的非贸易性企业共计 801 家，其中中方投资总额为 10.28 亿美元。[22]中国企业的投资领域主要集中在航运服务、金融保险、餐饮服务等行业，1984 年后又逐渐扩展到资源开发领域。少数实力雄厚的大型国有企业开始进行海外并购活动，其中比较有代表性的是中国国际信托投资公司实施的一系列收购项目，如 1984 年在美国收购林地，1986 年在澳大利亚收购电解铝厂、在加拿大收购纸浆厂，1988 年在美国收购钢厂等。

成长阶段

20 世纪 90 年代，党的第十四次全国代表大会明确提出了建立社会主义市场经济体制的改革目标，并强调要"积极扩大我国企业的对外投资和跨国经营"。同前一阶段相比，中国企业的对外直接投资规模有所上升，但同时也受到了国内审批政策的制约和 1997 年亚洲金融危机的影响。

1991 年，国家计划委员会（以下简称"国家计委"）发布了《关于加强海外投资项目管理的意见》和《关于编制、审批境外投资项目的项目建议和可行性研究报告的规定》，强调"我国尚不具备大规模到海外投资的条件"，到海外投资办企业"要在国家宏观管理下有目的、有计划地进行，必须严格按规定的审批程序办理"。

据此，外经贸部于 1992 年制定了《关于在境外举办非贸易性企业的审批和管理规定（试行稿）》。根据规定，中方投资额在

---

22 中国对外经济贸易年鉴编辑委员会. 中国对外经济贸易年鉴 1991. 北京: 中国社会出版社, 1991, p.56.

100 万美元及以上的项目，由国家计委会同有关部门审批；中方投资额在 3 000 万美元及以上的项目，由国家计委会同有关部门初审后报国务院审批；中方投资额在 100 万美元以下的项目，可比照限额以上项目的审批办法，分别由国务院各部门和省、自治区、直辖市及计划单列市人民政府指定的综合部门审批。

此后，其他政府部门也陆续颁布相关法规，以加强对企业海外投资的管理。1992 年，国家国有资产管理局、财政部和国家外管局发布了《境外国有资产产权登记管理暂行办法》。1993 年，国家国有资产管理局、原对外贸易经济合作部和海关总署发布了《关于用国有资产实物向境外投入开办企业的有关规定》；国家外管局发布了《境外投资外汇风险及外汇资金来源审查的审批规范》。1994 年，财政部发布了《关于贯彻落实<国务院关于暂停收购境外企业和进一步加强境外投资管理的通知>的紧急通知》。

受此影响，1992-1996 年，中国政府批准进行境外投资的非贸易性企业数量整体呈现下降趋势（参见图 3-3）。直到 1997 年，政府限制企业境外投资的政策开始松动，以缓解亚洲金融危机对中国出口贸易的冲击。党的第十五次全国代表大会提出，"鼓励能够发挥我国比较优势的对外投资。更好地利用国内国外两个市场、两种资源。"1999 年，外经贸部、原国家经贸委、财政部出台了《关于鼓励企业开展境外带料加工装配业务的意见》，国家外管局发布了《关于简化境外带料加工装配业务外汇管理的通知》，支持企业以境外加工贸易的方式开展跨国经营。

图3-3 中国政府批准在境外投资兴办的非贸易性企业数量

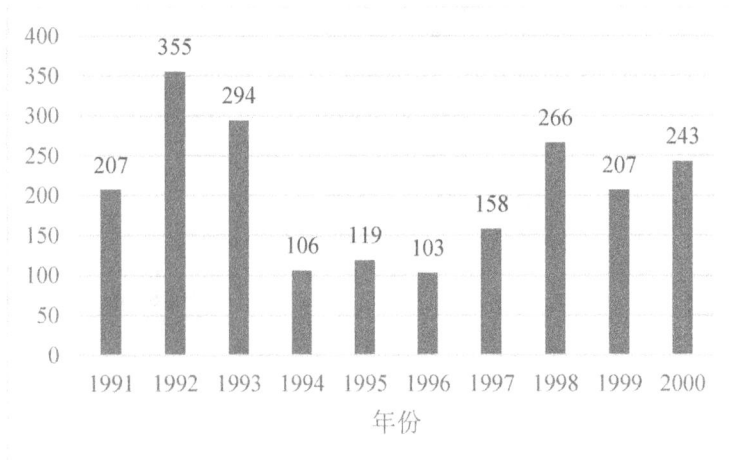

资料来源：中国对外经济贸易年鉴

　　统计数据显示，截至 2000 年，经中国政府批准在境外投资兴办的非贸易性企业达到 2 859 家，分布在全球 153 个国家和地区，其中中方投资总额为 37.25 亿美元。[23]中国企业的投资领域有所增加，投资主体亦开始多元化。国有企业如首钢集团、中国石油天然气集团公司（以下简称"中石油"）在马来西亚、印尼、迪拜、秘鲁等国进行了投资，民营企业如福耀集团、海尔集团、万向集团、TCL 集团等开始尝试到美国、菲律宾、印度尼西亚、马来西亚、越南等国投资建厂。

---

[23] 中国对外经济贸易年鉴编辑委员会. 中国对外经济贸易年鉴 2001. 北京: 中国对外经济贸易出版社, 2001, pp.768-772.

快速发展阶段

2001 年，第九届全国人民代表大会第四次会议审议通过《中华人民共和国国民经济和社会发展第十个五年计划纲要》，明确提出了"实施'走出去'战略"的要求：

> "鼓励能够发挥我国比较优势的对外投资，扩大国际经济技术合作的领域、途径和方式。继续发展对外承包工程和劳务合作，鼓励有竞争优势的企业开展境外加工贸易，带动产品、服务和技术出口。支持到境外合作开发国内短缺资源，促进国内产业结构调整和资源置换。鼓励企业利用国外智力资源，在境外设立研究开发机构和设计中心。支持有实力的企业跨国经营，实现国际化发展。健全对境外投资的服务体系，在金融、保险、外汇、财税、人才、法律、信息服务、出入境管理等方面，为实施"走出去"战略创造条件。完善境外投资企业的法人治理结构和内部约束机制，规范对外投资的监管。"

同年，中国正式加入世界贸易组织，标志着中国的对外开放进入了新的发展阶段。2002 年，党的十六大报告强调，"实施'走出去'战略是对外开放新阶段的重大举措。鼓励和支持有比较优势的各种所有制企业对外投资，带动商品和劳务出口，形成一批有实力的跨国企业和著名品牌。"

中国政府逐渐放松了对境外投资的管制，一方面积极推进境外投资管理体制由审批制向核准制和备案制转变，另一方面不断深化境外投资外汇管理改革，以鼓励中国企业"走出去"。

在境外投资管理方面，2003年，商务部发布了《关于做好境外投资审批试点工作有关问题的通知》，在 12 个省市开展下放境外投资审批权限、简化境外投资审批手续的改革试点。

2004年，国务院发布《关于投资体制改革的决定》，明确提出"鼓励和支持有条件的各种所有制企业进行境外投资"。根据该文件所附的《政府核准的投资项目目录（2004 年本）》，中方投资 3 000 万美元及以上的资源开发类境外投资项目和中方投资用汇额 1 000 万美元及以上的非资源类境外投资项目由国家发展和改革委员会（以下简称"国家发改委"）核准。上述项目之外的境外投资项目，中央管理企业投资的项目报国家发改委、商务部备案；其他企业投资的项目由地方政府按照有关法规办理核准。国内企业对外投资开办企业（金融企业除外）由商务部核准。

据此，国家发改委当年发布了《境外投资项目核准暂行管理办法》。除上述要求外，规定中方投资额 2 亿美元及以上的资源开发类境外投资项目和中方投资用汇额 5 000 万美元及以上的其他境外投资项目，由国家发改委审核后报国务院核准。商务部发布了《关于境外投资开办企业核准事项的规定》以及《关于内地企业赴香港、澳门特别行政区投资开办企业核准事项的规定》。根据规定，中央企业在境外开办企业（金融类企业除外）由商务部核准，其他企业在该文件附件所列的国家投资开办企业由省级商务主管部门核准。

在外汇管理方面,自 2002 年起,国家外管局陆续批准了 24 个省市进行境外投资外汇管理改革试点,主要措施包括给予试点地区一定的购汇额度、取消境外投资外汇风险审查、取消境外投资汇回利润保证金制度、允许境外企业产生的利润用于境外企业的增资或在境外再投资、允许购汇或使用国内外汇贷款用于境外投资等。

此后,国家外管局分别于 2002 年和 2003 年发布了《关于清理境外投资汇回利润保证金有关问题的通知》和《关于简化境外投资外汇资金来源审查有关问题的通知》,正式取消了境外投资汇回利润保证金以及境外投资外汇风险审查两项行政审批。

2005 年,国家外管局发布《关于扩大境外投资外汇管理改革试点有关问题的通知》,将试点政策推广至全国,将境外投资用汇额度从 33 亿美元增加至 50 亿美元,并将境外投资外汇资金来源审查权限从 300 万美元提高至 1 000 万美元。

同年,国家外管局发布了《关于调整境内银行为境外投资企业提供融资性对外担保管理方式的通知》,决定对银行为境外投资企业提供融资性对外担保实行余额管理,取消逐笔审批制度,以促进境外投资便利化。

2006 年,国家外管局发布了《关于调整部分境外投资外汇管理政策的通知》。此次政策调整主要包括两项内容:一是取消境外投资购汇额度的限制;二是境内投资者如需向境外支付与其境外投资有关的前期费用,经核准可以先行汇出。

国家出台的《"十一五"规划纲要》对"实施'走出去'战略"提出了新的要求,不再强调"走出去"战略对带动出口的作用,而

是将其调整为"促进产品原产地多元化",同时明确支持企业进行跨境并购与资本运作:

> "支持有条件的企业对外直接投资和跨国经营。以优势产业为重点,引导企业开展境外加工贸易,促进产品原产地多元化。通过跨国并购、参股、上市、重组联合等方式,培育和发展我国的跨国公司。按照优势互补、平等互利的原则扩大境外资源合作开发。鼓励企业参与境外基础设施建设,提高工程承包水平,稳步发展劳务合作。完善境外投资促进和保障体系,加强对境外投资的统筹协调、风险管理和海外国有资产监管。"

在国家政策的鼓励下,中国企业在 2001-2007 年间的对外直接投资平均流量较 20 世纪 90 年代增长了约 4 倍。2007 年末,中国对外直接投资存量首次突破千亿美元,分布在全球 173 个国家和地区。中国企业投资的行业覆盖广泛,其中租赁和商务服务业、批发和零售业、金融业、采矿业、交通运输、仓储和邮政业及制造业的存量占比接近九成。中国民营企业在非金融类对外直接投资存量中的占比出现了大幅增长。[24]

中国企业通过并购方式进行对外直接投资的案例逐渐增多,引起了国际社会的关注,但是并购结果往往喜忧参半。例如,联想集团收购美国 IBM 公司个人电脑业务,中石油收购哈萨克斯坦 PK 石油公司,中远集团收购美国长滩码头(失败),上汽集团收购韩国

---

[24] 2007年度中国对外直接投资统计公报,http://images.mofcom.gov.cn/fec/201512/20151204091015199.pdf

双龙汽车公司（整合失败），TCL 集团并购法国汤姆逊公司（重组失败），中国五矿集团收购加拿大矿业公司诺兰达（失败），海尔集团收购美国家电制造商美泰格公司（失败），中国海洋石油总公司收购美国石油公司优尼科（失败）等。

规模骤增阶段

受到 2008 年全球金融危机的影响，很多发达国家的企业遭遇了市场萎缩和资金短缺的困境，而这为中国企业进行跨国并购带来了机遇。商务部的统计数据显示，当年，中国对外直接投资流量首次突破 500 亿美元，规模较上一年增长了一倍有余。其中，通过收购、兼并方式实现的直接投资额为 302 亿美元，占当年对外直接投资流量的 54%。[25]

2009 年，商务部制定了《境外投资管理办法》，对不同情形的境外投资项目核准权限与流程作出了分别规定，促进了企业境外投资的便利化和规范化。同年，国家外管局发布《境内机构境外直接投资外汇管理规定》，扩大了境外直接投资外汇资金来源，将其审核方式由事前审查改为事后登记，并将境内机构境外直接投资资金汇出管理由核准制调整为登记和备案制。

2011 年，国家出台的《"十二五"规划纲要》提出了"加快实施'走出去'战略"的要求，同时强调"'走出去'的企业和境外合作项目，要履行社会责任，造福当地人民"：

---

[25] 2008年度中国对外直接投资统计公报，http://images.mofcom.gov.cn/fec/201512/20151204090727967.pdf

"按照市场导向和企业自主决策原则，引导各类所有制企业有序开展境外投资合作。深化国际能源资源开发和加工互利合作。支持在境外开展技术研发投资合作，鼓励制造业优势企业有效对外投资，创建国际化营销网络和知名品牌。扩大农业国际合作，发展海外工程承包和劳务合作，积极开展有利于改善当地民生的项目合作。逐步发展我国大型跨国公司和跨国金融机构，提高国际化经营水平。做好海外投资环境研究，强化投资项目的科学评估。提高综合统筹能力，完善跨部门协调机制，加强实施"走出去"战略的宏观指导和服务。加快完善对外投资法律法规制度，积极商签投资保护、避免双重征税等多双边协定。健全境外投资促进体系，提高企业对外投资便利化程度，维护我国海外权益，防范各类风险。"走出去"的企业和境外合作项目，要履行社会责任，造福当地人民。"

2013 年以来，中国先后提出了"一带一路"倡议和"中国制造 2025"计划，为中国企业"走出去"带来了新的发展机遇。2015 年，中共中央、国务院出台了《关于构建开放型经济新体制的若干意见》，明确提出要"建立促进走出去战略的新体制"，"确立企业和个人对外投资主体地位，努力提高对外投资质量和效率"，同时将"督促企业履行社会责任，树立良好形象"。2016 年，国家制定的《"十三五"规划纲要》要求提升对外投资水平、完善境外投资管理体制，明确提出"支持企业扩大对外投资，深度融入全球产业链、价值链、物流链"，"健全备案为主、核准为辅的对外投资管理体制，健全对外投资促进政策和服务体系，提高便利化水平"。国家发改委、商务部、国家外管局等相关部委亦出台了一系列鼓励企业"走出去"的政策措施，推动中国企业对外直接投资规模持续快速增长。

2015 年，中国首次实现资本净输出，对外直接投资存量首次突破万亿美元，并首度成为全球第二大对外投资国。2016 年，中国对外直接投资再创历史新高，投资流量达到 1 830 亿美元，连续第二年位列世界第二，其中非金融类直接投资流量为 1 701 亿美元。[26]

---

[26] http://www.mofcom.gov.cn/article/ae/slfw/201706/20170602588327.shtml

第 4 章

中国企业"走出去"的发展现状

自 2001 年中国实施"走出去"战略以来,中国经济的开放水平不断提高,对外合作日益紧密。截至目前,中国已经与包括 65 个"一带一路"沿线国家在内的 100 多个国家签署了双边投资协定(参见附录 4),并先后启动了与美国和欧盟的双边投资协定谈判。2011-2016 年,中国境外企业向投资所在国缴纳的各种税金总额达到 1 615 亿美元,累计雇用外方员工约 612 万人。

2016 年全年,中国境内投资者共对全球 164 个国家和地区的 7 961 家境外企业进行了非金融类直接投资,累计实现投资金额 1 701.1 亿美元,同比增长 44.1%,其中对"一带一路"沿线国家的直接投资达到 145.3 亿美元。[27]

2016 年全年,中国对外承包工程新签合同额 2 440.1 亿美元,同比增长 16.2%;完成营业额 1 594.2 亿美元,同比增长 3.5%。新签合同额在 5 000 万美元以上的项目共计 815 个,较上年同期增加 94 个,累计合同金额达到 2 066.9 亿美元,占新签合同总额的 84.7%。当年,中国企业在"一带一路"沿线国家的新签合同额为

---

[27] 商务部合作司负责人谈 2016 年我国对外投资合作情况,
http://www.mofcom.gov.cn/article/ae/ag/201701/20170102502097.shtml

1 260.3 亿美元，占同期新签合同总额的 51.6%；完成营业额为
759.7 亿美元，占同期完成营业总额的 47.7%。截至 2016 年末，中
国企业在"一带一路"沿线国家建立了 56 个初具规模的合作区，
累计投资金额为 185.5 亿美元，入区企业共计 1 082 家，总产值达
到 506.9 亿美元，上缴东道国税费 10.7 亿美元，为当地创造就业
岗位 17.7 万个。[28]

对外直接投资

投资规模

自实施"走出去"战略以来，中国对外直接投资规模呈现出快
速扩张的趋势，2002-2016 年的年均增幅达到 35.8%[29]。2016 年，
中国企业共实现全行业对外直接投资 1 961.5 亿美元，同比增长
34.7%，再次超过同期吸收外资规模，连续两年实现资本净输出，
蝉联全球第二大对外投资国。（参见表 4-1、图 4-1、图 4-2）

截至 2016 年末，中国的对外直接投资存量达到 13 573.9 亿美
元，较上年末增加了 2 595.3 亿美元，是 2002 年末存量的 45.4 倍，
占全球对外直接投资存量的份额由 2002 年的 0.4%提升至 5.2%，排
名由第 25 位上升至第 6 位。（参见表 4-1、图 4-3、图 4-4）

然而，考虑到中国国内生产总值和货物出口额的全球占比，中
国的对外直接投资仍存在较大的增长空间。此外，从对外直接投资

---

[28] 同上
[29] 根据中国《对外直接投资统计制度》，"对外直接投资"是指中国境内投资者以现金、实物、无形资产等方式在国外及港澳台地区设立、参股、兼并、收购国（境）外企业，拥有该企业 10% 或以上的股权，并以拥有或控制企业的经营管理权为核心的经济活动。

存量占国内生产总值的比例来看，中国的对外直接投资仍处于较低的水平。（参见图 4-5、图 4-6）

表 4-1 2002-2016 年中国对外直接投资流量和存量

单位：亿美元

年份	对外直接投资流量	全球排名	对外直接投资存量	全球排名
2002	27.0	26	299.0	25
2003	28.5	21	332.0	25
2004	55.0	20	448.0	27
2005	122.6	17	572.0	24
2006	211.6	13	906.3	23
2007	265.1	17	1 179.1	22
2008	559.1	12	1 839.7	18
2009	565.3	5	2 457.5	16
2010	688.1	5	3 172.1	17
2011	746.5	6	4 247.8	13
2012	878.0	3	5 319.4	13
2013	1 078.4	3	6 604.8	11
2014	1 231.2	3	8 826.4	8
2015	1 456.7	2	10 978.6	8
2016	1 961.5	2	13 573.9	6

注：2002 年以前，中国对外直接投资统计数据处于缺失状态；2002-2005 年，商务部和国家统计局对中国非金融类对外直接投资进行统计；自 2006 年起，商务部、国家统计局和国家外汇管理局对中国对外直接投资进行全口径统计。

资料来源：中国对外直接投资统计公报

图 4-1 2002-2016 年中国对外直接投资流量

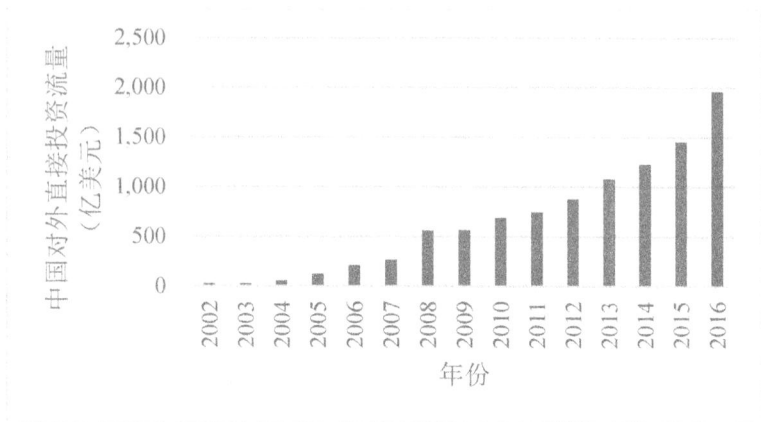

注：2002-2005 年数据为中国非金融类对外直接投资数据，2006-2016 年数据为中国全行业对外直接投资数据。

资料来源：中国对外直接投资统计公报

图 4-2 2002-2016 年中国对外直接投资和吸引外商投资流量

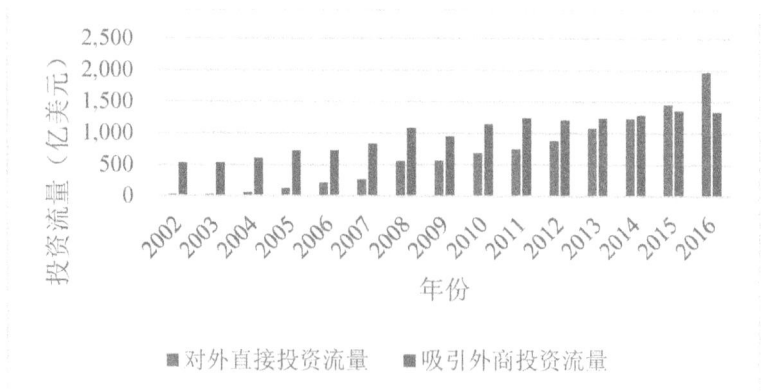

■ 对外直接投资流量　　■ 吸引外商投资流量

资料来源： "对外直接投资流量"数据取自商务部发布的《中国对外直接投资统计公报》， "吸引外商投资流量"数据取自 UNCTAD 发布的《世界投资报告》。

图4-3 2002-2016 年中国对外直接投资存量

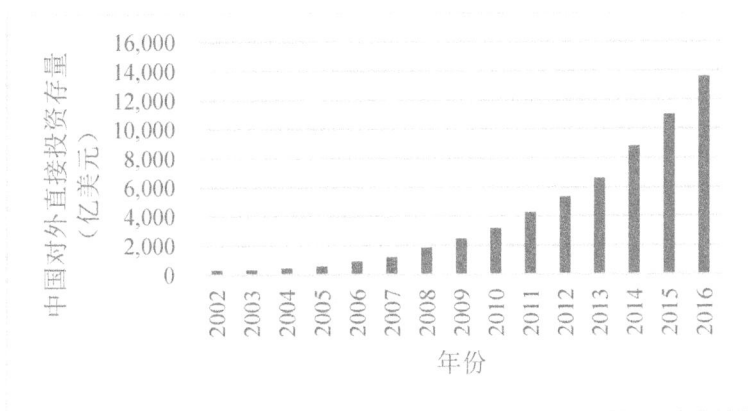

资料来源：中国对外直接投资统计公报

图4-4 2016 年末 FDI 存量前十位的经济体及其全球占比

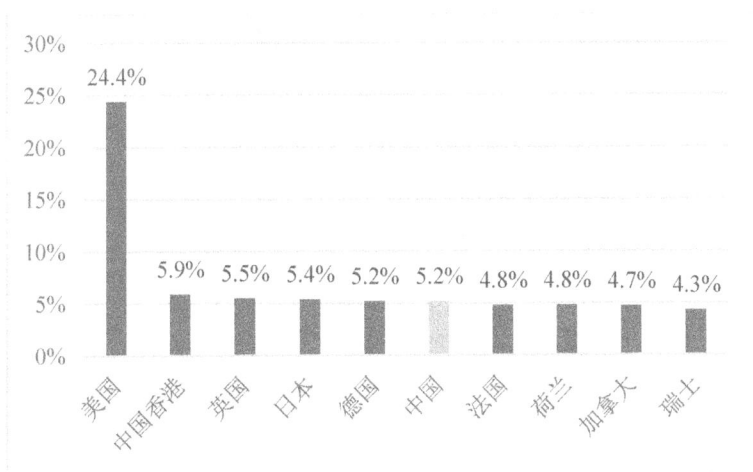

资料来源：中国对外直接投资存量数据取自商务部发布的《中国对外直接投资统计公报》，其他数据取自 UNCTAD 发布的《世界投资报告》。

图4-5 2016 年中国GDP、货物出口额、FDI 存量的全球占比

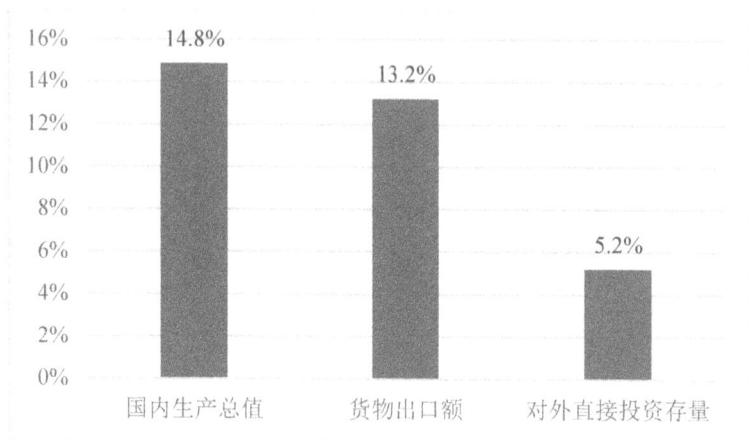

资料来源： 图中的三项数据分别取自世界银行数据库、世界贸易组织数据库、中国对外直接投资统计公报

图4-6 2016 年对外直接投资存量占国内生产总值的比重

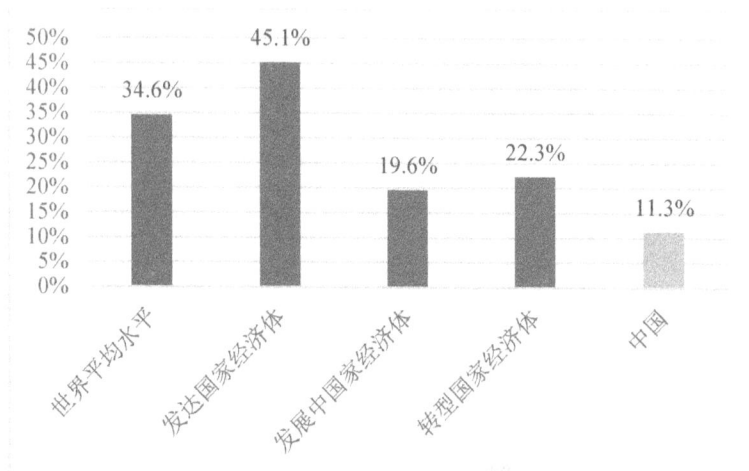

注：根据 UNCTAD 对全球经济体的划分，发达经济体包括 OECD 成员（除智利、墨西哥、韩国、土耳其外）、非 OECD 成员的欧盟新成员（保加利亚、克罗地亚、塞浦路斯、拉脱维亚、立陶宛、马耳他、罗马尼亚）以及安道

尔、百慕大、列支敦士登、摩纳哥、圣马力诺。转型经济体包括欧洲东南部国家、独联体国家（包括亚美尼亚、阿塞拜疆、白俄罗斯、吉尔吉斯斯坦、摩尔多瓦、俄罗斯联邦、乌克兰、塔吉克斯坦、哈萨克斯坦、土库曼斯坦、乌兹别克斯坦）及格鲁吉亚。发展中经济体指除以上两类之外的所有经济体。

资料来源：UNCTAD 数据库

区域分布

2016 年，中国对亚洲的直接投资流量最高，为 1302.7 亿美元，占流量总额的 66.4%；其次依次为拉丁美洲 272.3 亿美元，占比 13.9%；北美洲 203.5 亿美元，占比 10.4%；欧洲 106.9 亿美元，占比 5.4%；大洋洲 52.1 亿美元，占比 2.7%；非洲 24.0 亿美元，占比 1.2%。（参见图4-7）

图4-7 2016 年中国对外直接投资流量分布（按地区）

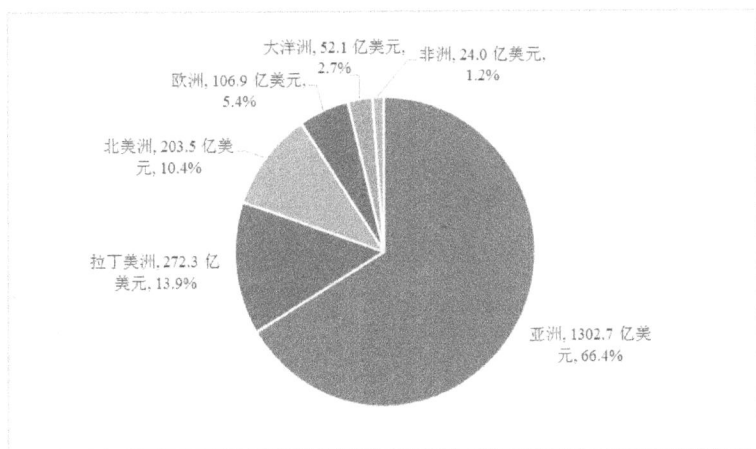

资料来源：中国对外直接投资统计公报

　　截至 2016 年末，中国在亚洲的直接投资存量最高，达到 9 094.5 亿美元，占存量总额的 67.0%；其次依次为拉丁美洲 2 071.5 亿美元，占比 15.3%；欧洲 872.0 亿美元，占比 6.4%；北美洲 754.7 亿美元，占比 5.6%；非洲 398.8 亿美元，占比 2.9%；大洋洲 382.4 亿美元，占比 2.8%。（参见表 4-2，图 4-8，图 4-9）

表 4-2 2007-2016 年末中国对外直接投资存量分布（按地区）

单位：亿美元

	2007	2008	2009	2010	2011	2012	2013	2014	2015	2016
亚洲	792.2	1 313.2	1 855.5	2 281.5	3 034.3	3 644.1	4 474.1	6 009.7	7 689.0	9 094.5
拉丁美洲	247.0	322.4	306.0	438.8	551.7	682.1	861.0	1 061.1	1 263.2	2 071.5
欧洲	44.6	51.3	86.8	157.1	244.5	369.8	531.6	694.0	836.8	872.0
北美洲	32.4	36.6	51.8	78.3	134.7	255.0	286.1	479.5	521.8	754.7
非洲	44.6	78.0	93.3	130.4	162.4	217.3	261.9	323.5	346.9	398.8
大洋洲	18.3	38.2	64.2	86.1	120.1	151.1	190.2	258.6	320.9	382.4
合计	1 179.1	1 839.7	2 457.6	3 172.1	4 247.8	5 319.4	6 604.8	8 826.4	10 978.6	13 573.9

资料来源：中国对外直接投资统计公报

图4-8 2007-2016 年末中国对外直接投资存量分布（按地区）

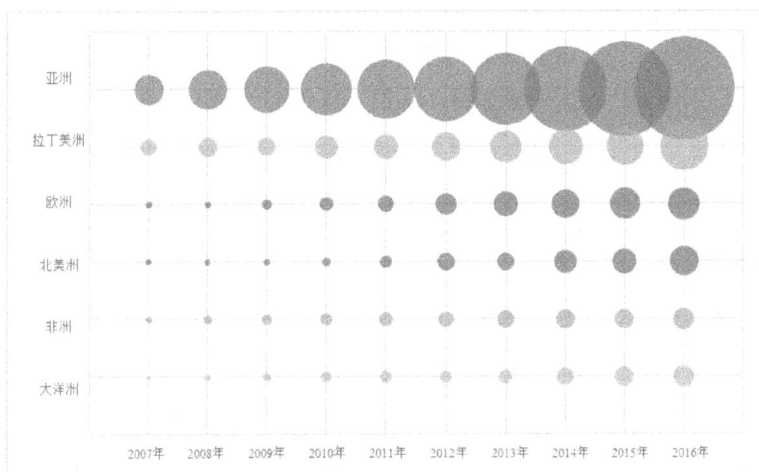

资料来源：中国对外直接投资统计公报

图4-9 2016 年末中国对外直接投资存量分布（按地区）

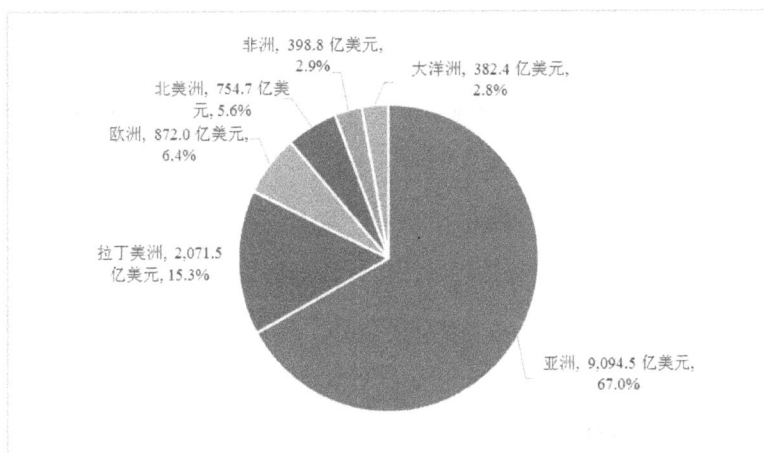

资料来源：中国对外直接投资统计公报

具体而言，中国在亚洲的投资主要分布在中国香港、新加坡、印度尼西亚、中国澳门、老挝、哈萨克斯坦、越南、阿联酋、巴基斯坦、缅甸、泰国、柬埔寨、韩国、以色列、蒙古、马来西亚等地，其中在中国香港的投资存量占在亚洲投资存量总额的 85.8%。

中国在拉丁美洲的投资主要分布在在开曼群岛、英属维尔京群岛、巴西、委内瑞拉、阿根廷、厄瓜多尔、牙买加、秘鲁、特立尼达和多巴哥、墨西哥等地，其中在开曼群岛和英属维尔京群岛的投资存量占在拉丁美洲投资存量总额的 93.2%。

中国在欧洲的投资主要分布在荷兰、英国、俄罗斯、卢森堡、德国、法国、瑞典、挪威、意大利等地，其中在欧盟国家的投资存量占在欧洲投资存量总额的 80.1%。

中国在北美洲的投资主要分布在美国和加拿大，在以上两国的投资存量占在北美洲投资存量总额的 97.1%。

中国在非洲的投资主要分布在南非、刚果（金）、赞比亚、阿尔及利亚、尼日利亚、埃塞俄比亚、加纳、津巴布韦、安哥拉、坦桑尼亚、毛里求斯、苏丹、肯尼亚等地。

中国在大洋洲的投资主要分布在澳大利亚和新西兰，在以上两国的投资存量占在大洋洲投资存量总额的 92.7%。

根据 UNCTAD 对全球经济体的划分，截至 2016 年末，中国在发展中经济体的投资存量为 11 426.2 亿美元，占存量总额的 84.2%；在发达经济体的投资存量为 1 914.0 亿美元，占存量总额的 14.1%；在转型经济体的投资存量为 233.8 亿美元，占存量总额的 1.7%。（参见图 4-10）

图4-10 2016 年末中国对外直接投资存量分布（按经济体）

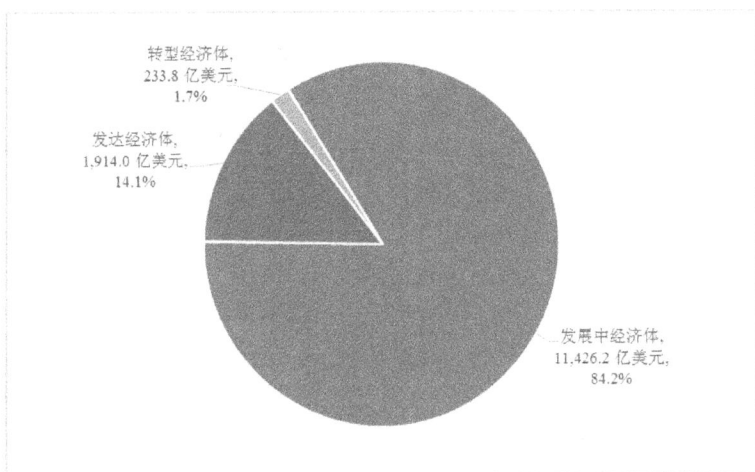

资料来源：中国对外直接投资统计公报

具体而言，在发展中经济体中，中国在中国香港地区的投资存量为 7 807.45 亿美元，占比 68.3%；在东盟国家的投资存量为 715.54 亿美元，占比 6.3%。

在发达经济体中，中国在欧盟国家的投资存量为 698.40 亿美元，占比 36.5%；美国 605.80 亿美元，占比 31.7%；澳大利亚 333.51 亿美元，占比 17.4%；加拿大 127.26 亿美元，占比 6.6%；以色列 42.30 亿美元，占比 2.2%；挪威 26.42 亿美元，占比 1.4%；日本 31.84 亿美元，占比 1.7%。

在转型经济体中，中国在俄罗斯的投资存量为 129.80 亿美元，占比 55.5%；哈萨克斯坦 54.32 亿美元，占比 23.2%；吉尔吉斯斯坦 12.38 亿美元，占比 5.3%；塔吉克斯坦 11.67 亿美元，占比 5.0%；土库曼斯坦 2.49 亿美元，占比 1.1%。

不计在开曼群岛和英属维尔京群岛的投资，中国的对外直接投资主要集中于中国香港、美国、新加坡、澳大利亚、荷兰、英国、俄罗斯、加拿大等经济体，投资存量均在百亿美元以上，合计占比达到 71.6%。（参见表 4-3）

表 4-3 2016 年末中国在主要经济体的直接投资存量

单位：亿美元

经济体	对外直接投资存量	占比
中国香港	7 807.45	57.5%
美国	605.80	4.4%
新加坡	334.46	2.5%
澳大利亚	333.51	2.5%
荷兰	205.88	1.5%
英国	176.12	1.3%
俄罗斯	129.80	1.0%
加拿大	127.26	0.9%
合计	9 720.28	71.6%

资料来源：中国对外直接投资统计公报

近年来，中国企业的对外直接投资目的地逐渐由亚非拉地区的资源型国家向欧美发达国家转移。不计在中国香港、中国澳门、开曼群岛、英属维尔京群岛的投资，2016 年末，中国对外直接投资存量前 10 位的国家依次为美国、新加坡、澳大利亚、荷兰、英国、俄罗斯、加拿大、印度尼西亚、卢森堡、德国。（参见图 4-11）

图4-11 2016 年末中国对外直接投资存量前 10 位的国家

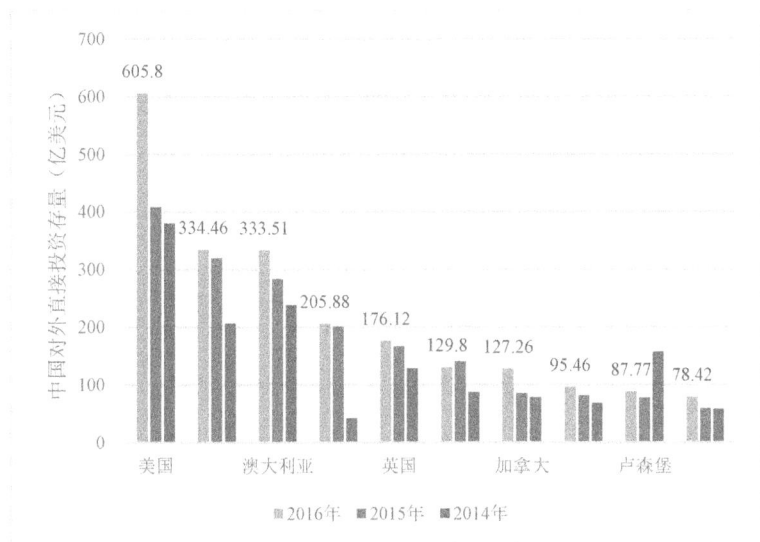

资料来源：中国对外直接投资统计公报

行业分布

　　2016 年，中国对外直接投资覆盖了国民经济的 18 个行业类别。其中，投资流量最高的五大行业及其占比依次为租赁和商务服务业 657.8 亿美元，占比 33.5%；制造业 290.5 亿美元，占比 14.8%；批发和零售业 208.9 亿美元，占比 10.7%；信息传输、软件和信息技术服务业 186.7 亿美元，占比 9.5%；房地产业 152.5 亿美元，占比 7.8%。（参见图 4-12）

图4-12 2016年中国对外直接投资流量分布（按行业）

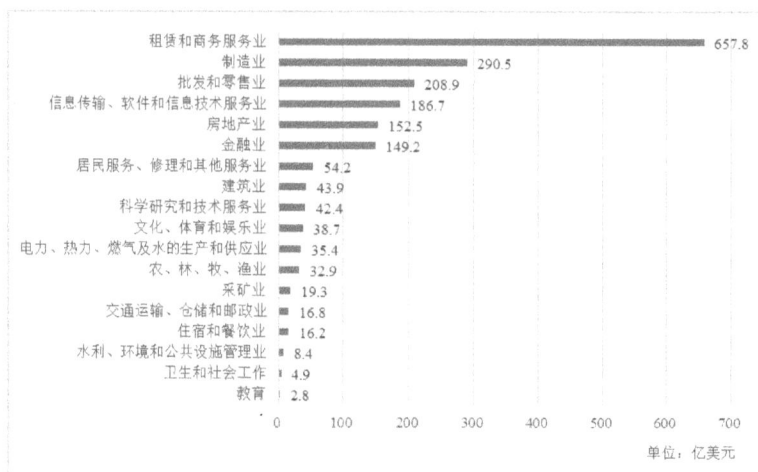

资料来源：中国对外直接投资统计公报

总体而言，中国对外直接投资流向的行业比较集中。2007-2016 年，中国对租赁和商务服务业、金融业、制造业、批发和零售业、采矿业这五大行业的投资流量合计占比大多超过七成。受国际大宗商品价格低迷的影响，中国 2016 年对采矿业的直接投资仅为 19.3 亿美元，同比下降 82.8%。近年来，中国对其他行业的投资占比不断增加，这表明中国企业的投资领域正趋于多元化。（参见表 4-4，图 4-13）

表4-4 2007-2016 年中国对外直接投资流量分布（按行业）

单位：亿美元

	2007	2008	2009	2010	2011	2012	2013	2014	2015	2016
租赁和商务服务业	56.1	217.2	204.7	302.8	256.0	267.4	270.6	368.3	362.6	657.8
金融业	16.7	140.5	87.3	86.3	60.7	100.7	151.1	159.2	242.5	149.2
制造业	21.3	17.7	22.4	46.6	70.4	86.7	72.0	95.8	199.9	290.5
批发和零售业	66.0	65.1	61.4	67.3	103.2	130.5	146.5	182.9	192.2	208.9
采矿业	40.6	58.2	133.4	57.1	144.5	135.4	248.1	165.5	112.5	19.3
其他行业	64.4	60.4	56.0	128.0	111.8	157.3	190.3	259.5	347.1	635.8
合计	265.1	559.1	565.3	688.1	746.5	878.0	1 078.4	1 231.2	1 456.7	1 961.5
五大行业合计占比	76%	89%	90%	81%	85%	82%	82%	79%	76%	68%
其他行业合计占比	24%	11%	10%	19%	15%	18%	18%	21%	24%	32%

资料来源： 中国对外直接投资统计公报

图4-13 2007-2016年中国对外直接投资流量分布（按行业）

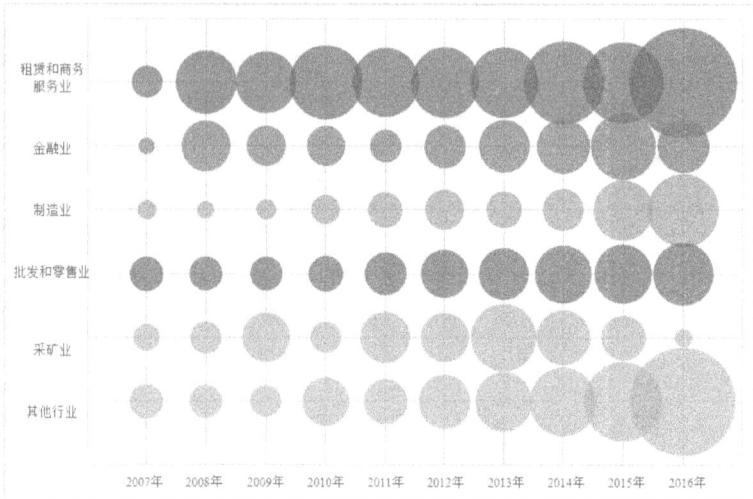

资料来源：中国对外直接投资统计公报

　　截至 2016 年末，中国对外直接投资存量覆盖了国民经济的所有行业类别。其中，存量最高的五大行业及其占比依次为租赁和商务服务业 4 739.9 亿美元，占比 34.9%；金融业 1 773.4 亿美元，占比 13.1%；批发和零售业 1 691.7 亿美元，占比 12.5%；采矿业 1 523.7 亿美元，占比 11.2%；制造业 1 081.1 亿美元，占比 8.0%。（参见图 4-14）

图4-14 2016年末中国对外直接投资存量分布(按行业)

行业	金额
租赁和商务服务业	4,739.9
金融业	1,773.4
批发和零售业	1,691.7
采矿业	1,523.7
制造业	1,081.1
信息传输、软件和信息技术服务业	648.0
房地产业	461.1
交通运输、仓储和邮政业	414.2
建筑业	324.2
电力、热力、燃气及水的生产和供应业	228.2
科学研究和技术服务业	197.2
居民服务、修理和其他服务业	169.0
农、林、牧、渔业	148.9
文化、体育和娱乐业	79.1
住宿和餐饮业	41.9
水利、环境和公共设施管理业	35.8
卫生和社会工作	9.2
教育	7.3

单位:亿美元

资料来源: 中国对外直接投资统计公报

综合中国对外直接投资存量的区域分布和行业分布情况来看,中国对各地区直接投资的行业高度集中。具体而言,截至 2016 年末,中国在亚洲的直接投资主要集中于租赁和商业服务业、金融业、批发和零售业,在非洲主要集中于建筑业、采矿业、制造业,在欧洲主要集中于采矿业、制造业、金融业,在拉丁美洲主要集中于租赁和商务服务业、信息传输、软件和信息技术服务业、批发和零售业,在北美洲主要集中于制造业、金融业、采矿业,在大洋洲主要集中于采矿业、房地产业、金融业。(参见表 4-5)

表4-5 2016年末中国对各地区直接投资存量前五位的行业

地区	行业	对外直接投资存量	占比
亚洲	租赁和商务服务业	3 855.0	42.4%
	金融业	1 189.5	13.1%
	批发和零售业	1 170.0	12.9%
	采矿业	717.2	7.9%
	制造业	624.0	6.9%
	小计	7 555.7	83.2%
非洲	建筑业	113.0	28.3%
	采矿业	104.1	26.1%
	制造业	50.9	12.8%
	金融业	45.6	11.4%
	科学研究和技术服务业	19.1	4.8%
	小计	332.7	83.4%
欧洲	采矿业	238.6	27.3%
	制造业	175.1	20.1%
	金融业	144.4	16.6%
	批发和零售业	78.7	9.0%
	租赁和商务服务业	70.8	8.1%
	小计	707.6	81.1%
拉丁美洲	租赁和商务服务业	690.4	33.3%
	信息传输、软件和信息技术服务业	380.2	18.4%
	批发和零售业	371.4	17.9%

	金融业	242.6	11.7%
	采矿业	159.3	7.7%
	小计	1 843.9	89.0%
北美洲	制造业	171.3	22.7%
	金融业	123.9	16.4%
	采矿业	95.9	12.7%
	租赁和商务服务业	88.8	11.8%
	房地产业	62.3	8.2%
	小计	542.2	71.8%
大洋洲	采矿业	208.5	54.5%
	房地产业	44.3	11.6%
	金融业	27.4	7.2%
	租赁和商务服务业	20.0	5.2%
	批发和零售业	16.3	4.3%
	小计	316.5	82.8%

资料来源：中国对外直接投资统计公报

企业特征

自 2007 年以来，中国进行对外直接投资的企业数量整体呈上升趋势。截至 2016 年末，中国共有 2.44 万家境内投资者在境外设立了 3.72 万家企业，分布在全球 190 个国家和地区，年末境外企业资产总额达到 5 万亿美元。（参见图 4-15，图 4-16）

图4-15 2007-2016 年中国境内投资者和境外企业数量

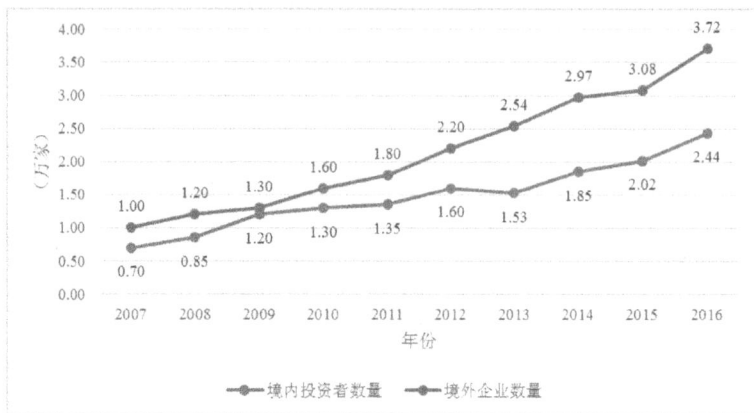

单位：亿美元

资料来源：中国对外直接投资统计公报

图4-16 2007-2016 年中国境外企业覆盖的国家和地区数量

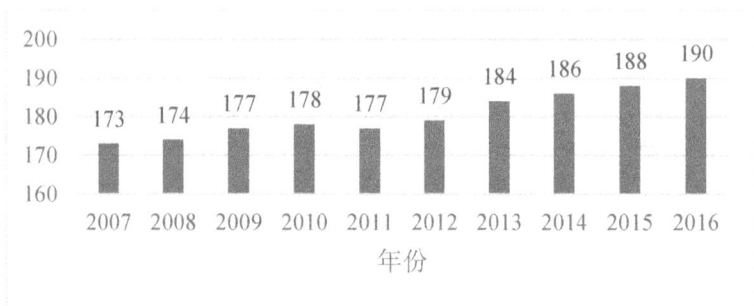

资料来源：中国对外直接投资统计公报

　　截至 2016 年末，中国进行对外直接投资的境内投资者主要为制造业及批发和零售业企业，二者共计 1.46 万家，占境内投资者总数的 59.9%。其中，制造业企业有 7 616 家，占比 31.2%，主要分布在计算机/通信和其他电子设备制造业、专用设备制造业、纺织服装/装饰业、纺织业、通用设备制造业、医药制造业、电气机

械和器材制造业、金属制品业、化学原料及化学制品制造业、汽车

制造业、橡胶和塑料制品业等；批发和零售业企业有 7 012 家，占

比 28.7%。除此之外， 2 110 家境内投资者属于租赁和商务服务业，

占比 8.7%；1 276 家属于信息传输、软件和信息技术服务业，占比

5.2%；985 家属于农、林、牧、渔业，占比 4.0%； 806 家属于建

筑业，占比 3.3%；671 家属于科学研究和技术服务业，占比 2.8%。

（参见图 4-17）

图 4-17 2016 年末中国境内投资者行业分布

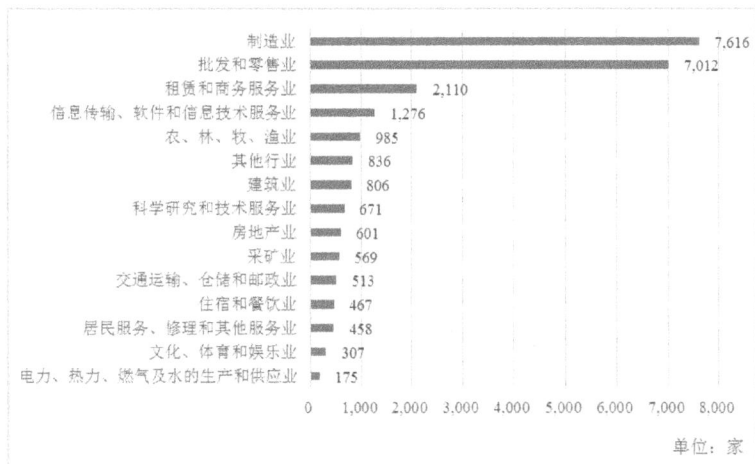

资料来源：中国对外直接投资统计公报

截至 2016 年末，中国境外企业主要集中于批发和零售业、制

造、租赁和商务服务业，属于以上三大行业的境外企业数量合计

23 258 家，占到境外企业总数的 62.7%。其中，批发和零售业企业

有 10 648 家，占比 28.7%；制造业企业有 7 721 家，占比 20.8%；

租赁和商务服务业企业有 4 889 家，占比 13.2%。除此之外，有 2

386 家企业属于建筑业，占比 6.4%；有 1 745 家企业属于信息传输、软件和信息技术服务业，占比 4.7%；1 737 家属于农、林、牧、渔业，占比 4.7%；1 578 家属于科学研究和技术服务业，占比 4.3%；1 516 家属于采矿业，占比 4.1%。（参见图 4-18）

图 4-18 2016 年末中国境外企业行业分布

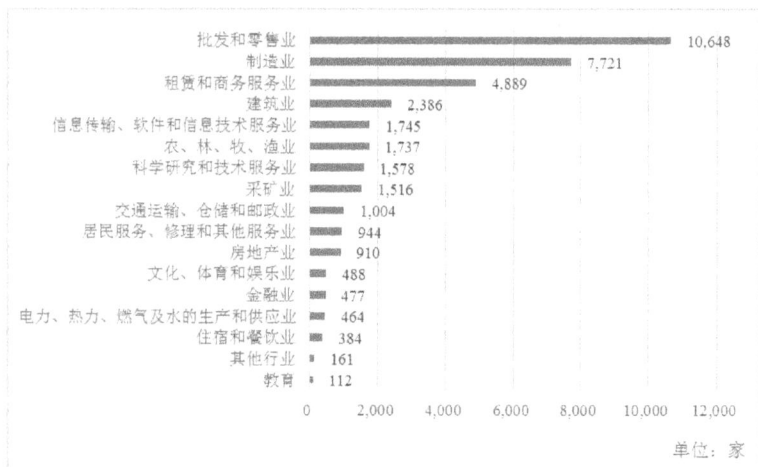

资料来源：中国对外直接投资统计公报

截至 2016 年末，中国在亚洲设立的境外企业数量最多，达到 20 748 家，占境外企业总数的 55.8%；其次依次为北美洲 5 650 家，占比 15.2%；欧洲 4 177 家，占比 11.2%；非洲 3 254 家，占比 8.8%；拉丁美洲 2 058 家，占比 5.5%；大洋洲 1 277 家，占比 3.4%。（参见图 4-19）

图4-19 2016 年末中国设立境外企业的地区分布

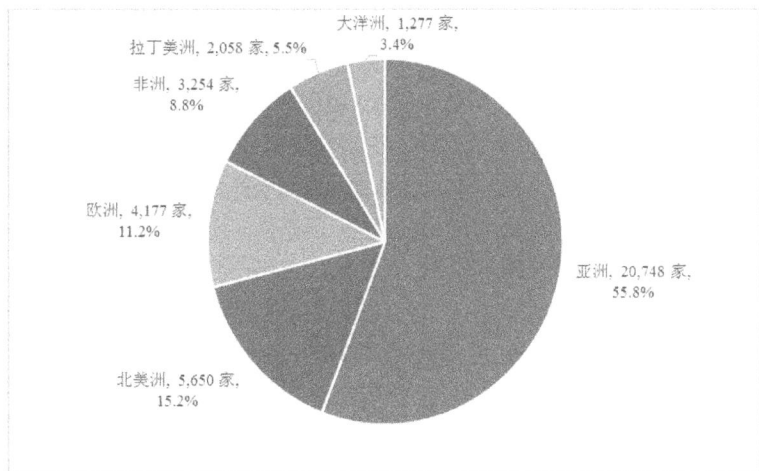

资料来源：中国对外直接投资统计公报

近年来，中国的非国有企业正日益成为对外直接投资的主力军和生力军。2006 年末，中国非国有企业在非金融类对外直接投资存量中的占比仅为 19.0%；而到 2015 年末，这一比例已经上升到 49.6%，几乎与中国国有企业的占比持平；2016 年，该比例较上一年略有下降，为 45.7%。（参见图 4-20）

图 4-20 中国非金融类对外直接投资存量构成（按企业类型）

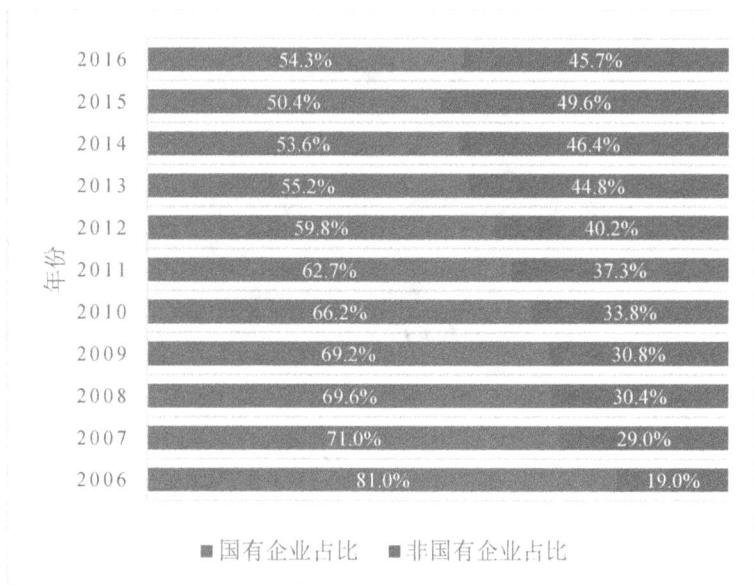

年份	国有企业占比	非国有企业占比
2016	54.3%	45.7%
2015	50.4%	49.6%
2014	53.6%	46.4%
2013	55.2%	44.8%
2012	59.8%	40.2%
2011	62.7%	37.3%
2010	66.2%	33.8%
2009	69.2%	30.8%
2008	69.6%	30.4%
2007	71.0%	29.0%
2006	81.0%	19.0%

■国有企业占比　　■非国有企业占比

资料来源：中国对外直接投资统计公报

海外并购

近年来，中国企业在海外并购市场上的表现愈发活跃。商务部的数据显示，2016 年，中国企业共实施对外投资并购项目 765 起，实际交易金额创历史新高，达到 1 353 亿美元，涉及 74 个国家和地区以及国民经济的 18 个行业类别。其中，涉及制造业及信息传输、软件和信息技术服务业的并购项目数量最多、金额最高，分别为 200 起和 109 起，实际交易金额分别为 301 亿美元和 264 亿美元。（参见图 4-21）

图4-21 2004-2016 年中国对外投资并购实际交易额

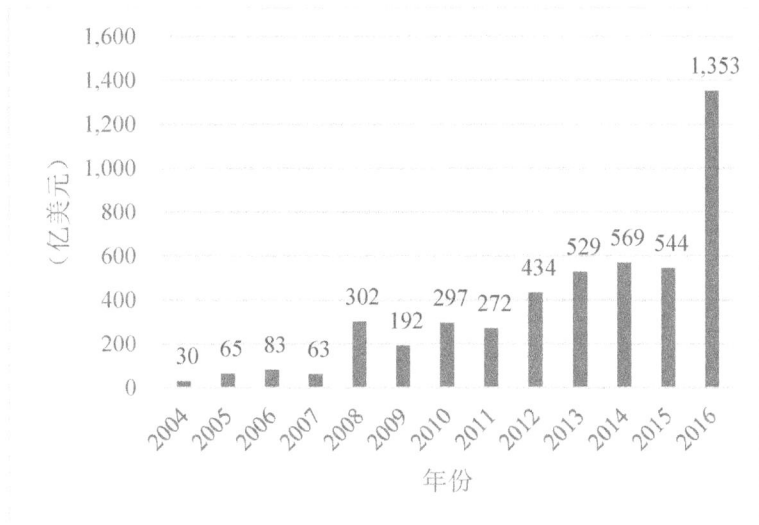

资料来源：中国对外直接投资统计公报

　　荣鼎集团（Rhodium Group）发布的报告显示，在过去的十余年间，中国在全球跨国并购市场上的地位日益凸显。2005 年，中国企业实施的跨国并购项目金额尚不足百亿美元，在全球跨国并购市场无足轻重。而 2008 年全球金融危机过后，中国在全球跨国并购交易中的份额出现了明显的提升，交易金额一度突破了 300 亿美元。2010-2015 年间，中国企业每年实施的跨国并购项目金额在 300 亿美元至 600 亿美元之间的水平波动上涨。2016 年，中国企业的跨国并购活动出现了井喷式增长，交易金额突破千亿美元，占全球跨国并购交易总额的 14%，仅次于美国。（参见图 4-22）

图 4-22 2004-2016 年世界主要经济体在全球跨国并购中的份
额

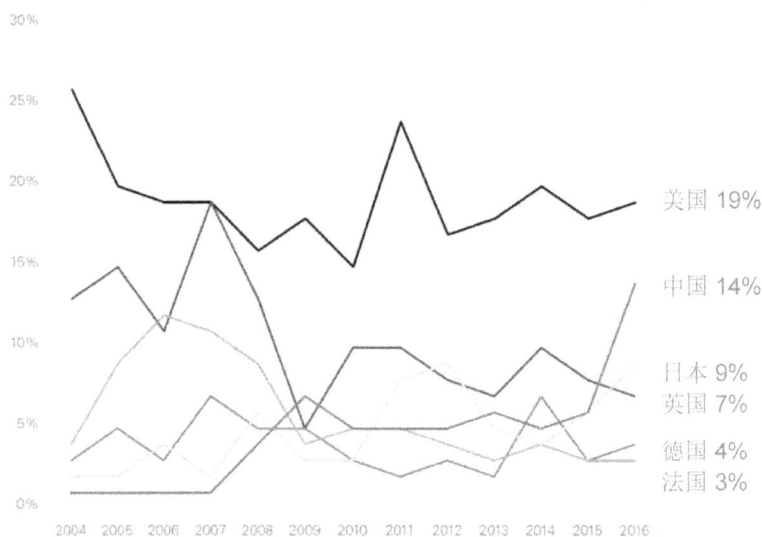

资料来源：Rhodium Group. China's Rise in Global M&A: Here to
Stay. http://www.usmergers.whitecase.com/chinas-rise-in-global-
ma-here-to-stay

　　从跨国并购项目涉及的国家和地区以及行业分布来看，中国企
业海外并购的目的国正逐渐由亚洲周边国家、非洲和拉美地区国家
向欧美发达国家转移，并购涉及的行业呈现出多元化的趋势，其中
非资源型并购交易所占比重日益增加。2016 年，中国企业在美国、
欧盟、加拿大等发达经济体实施的并购项目金额约占交易总额的三
分之二，涉及能源和基础材料行业的并购金额仅占两成，在高科技
行业、金融业、工业和房地产业的并购交易占比分别为 24%、13%、
12% 和 11%。（参见图 4-23，图 4-24）

图 4-23 2004-2016 年中国海外并购项目区域分布

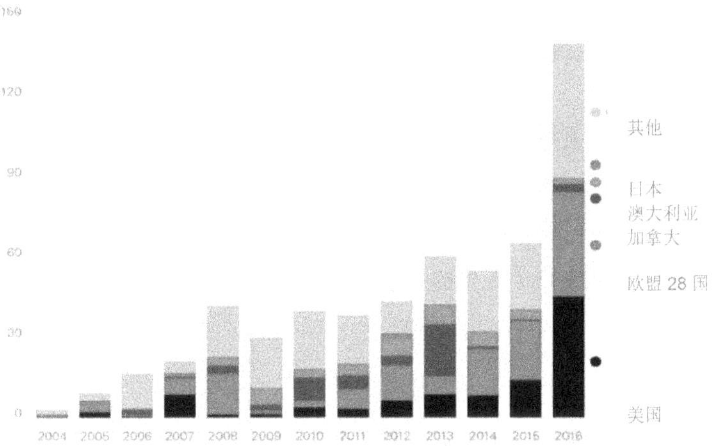

资料来源：Rhodium Group. China's Rise in Global M&A: Here to Stay. http://www.usmergers.whitecase.com/chinas-rise-in-global-ma-here-to-stay

图 4-24 2004-2016 年中国海外并购项目行业分布

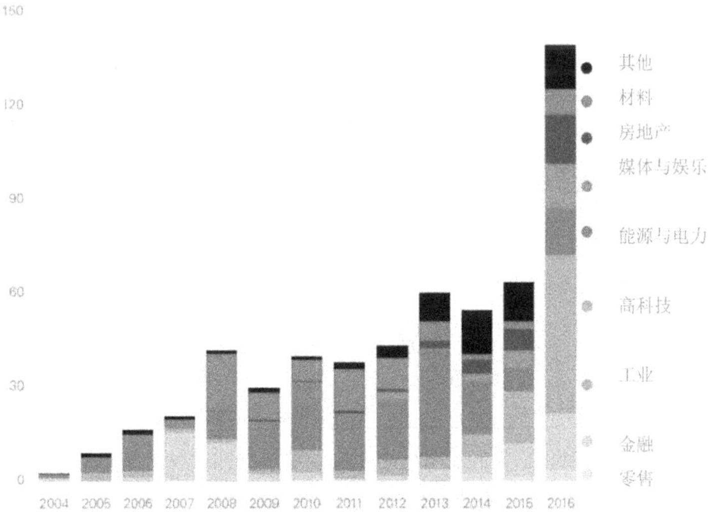

对外承包工程

中国对外承包工程的发展始于 20 世纪 70 年代末。改革开放之初，中国从事相关业务的企业不足百家，承接的项目规模和数量都十分有限。20 世纪 80 年代中期，中国对外承包工程的业务规模开始逐步扩大，相关企业的经营领域也有所拓宽。除住房、路桥等土建工程外，中国企业开始承揽如电站等技术含量较高的项目。[30]国家统计局的数据显示，1979-1990 年，中国企业累计签订对外承包工程合同 5 139 份，合同金额共计 128.04 亿美元，累计完成营业额 78.83 亿美元。[31]

20 世纪 90 年代，随着中国对外承包工程政策体系的完善，相关企业数量的增加以及经营水平的提高，中国对外承包工程业务实现了成倍的增长，合作遍及 180 多个国家和地区并扩展到各个行业。1999 年，中国对外承包工程新签合同额首次突破 100 亿美元，完成营业额超过 85 亿美元。[32]

自 2001 年中国实施"走出去"战略以来，中国对外承包工程业务规模持续攀升。2006 年，中国对外承包工程新签合同额较上一年提高了 123%，并在此后保持快速增长。2008 年，中国对外承

---

[30] 常鉴. 迎接对外承包的战略机遇期——中国对外承包工程发展 30 年回顾. 江苏对外经贸论坛[J], 2008(2): 77-79.

[31] http://data.stats.gov.cn/easyquery.htm?cn=C01

[32] 同上

包工程在经历了近 30 年的发展过后，新签合同额首次突破千亿美元，而此后仅过了 7 年的时间，即 2015 年，新签合同额就突破了两千亿美元。（参见图 4-25）

图 4-25 1979-2016 年中国对外承包工程业务规模

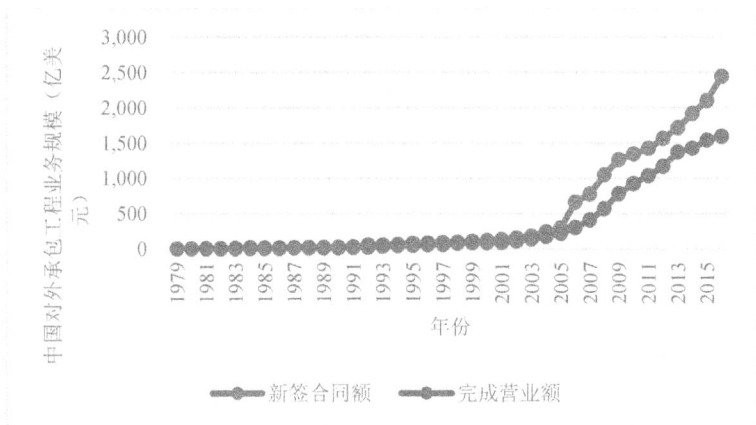

资料来源：中国国家统计局

业务规模

根据中国商务部的统计数据，2006-2016 年，中国对外承包工程新签合同额和完成营业额的年均增幅均超过 20%。2016 年，中国对外承包工程新签合同额 2 440.1 亿美元，同比增长 16.2%；完成营业额 1 594.2 亿美元，同比增长 3.5%。截至 2016 年末，中国对外承包工程的累计新签合同额达到 1.8 万亿美元，累计完成营业额超过 1.2 万亿美元。（参见图 4-26）

图4-26 2006-2016 年中国对外承包工程业务规模

资料来源：http://fec.mofcom.gov.cn/article/tjsj/

业务分布

近年来，中国对外承包工程企业在巩固亚洲和非洲传统市场的同时积极开拓拉丁美洲、欧洲、北美洲和大洋洲市场的业务。2015年，中国对外承包工程企业在亚洲、非洲、拉丁美洲、欧洲、北美洲和大洋洲的新签合同额占比分别为 42.7%、36.3%、8.6%、5.8%、2.7%和 3.8%，完成营业额占比分别为 44.8%、35.6%、10.6%、5.7%、1.8%和 1.4%。（参见图 4-27，图 4-28）

图 4-27 2006-2015 年中国对外承包工程完成营业额区域分布

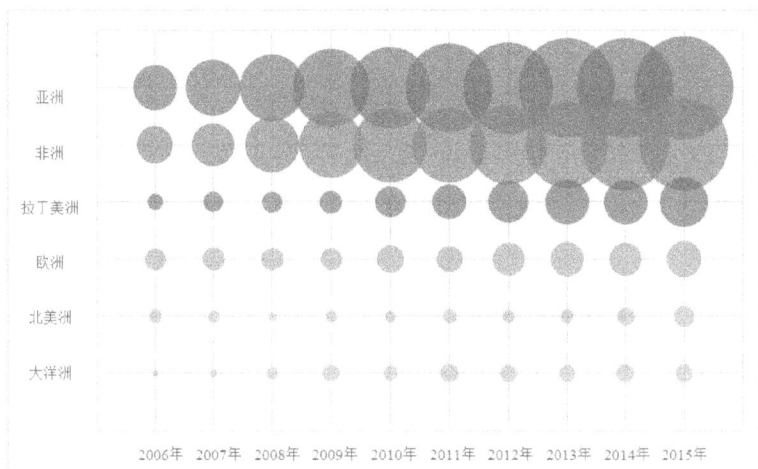

资料来源：中国国家统计局

图 4-28 2015 年中国对外承包工程业务区域分布

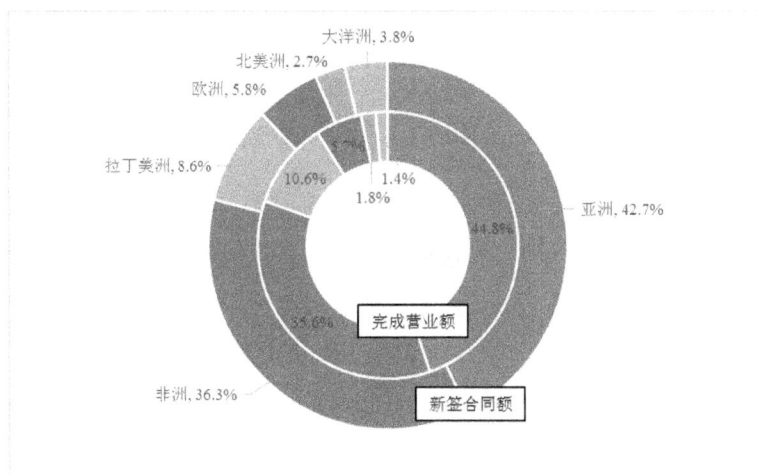

资料来源：中国商务部. 中国对外投资合作发展报告 2016. http://fec.mofcom.gov.cn/article/tzhzcj/tzhz/upload/zgdwtzhzfzbg 2016.pdf

2016 年，在"一带一路"倡议和"国际产能合作"计划的推动下，中国对外承包工程企业在"一带一路"沿线国家市场的表现尤为活跃。根据中国对外承包工程商会的统计，在当年新签合同额排名前十的海外市场中，"一带一路"沿线国家占有 5 席。其中，巴基斯坦、马来西亚、印度尼西亚 3 个市场的新签合同额合计超过 100 亿美元，伊朗、孟加拉国、老挝、伊拉克、阿联酋、沙特 6 个市场的新签合同额合计超过 50 亿美元。中国企业参与"一带一路"沿线国家的项目投（议）标次数较上年同比增长 58%，投（议）标金额同比增长 52%。全年新签承包工程项目合同 8 158 份，合同金额为 1 260.3 亿美元，占同期中国对外承包工程新签合同总额的 51.6%，同比增长 36%；完成营业额 759.7 亿美元，占同期完成营业总额的 47.7%，同比增长 9.7%。主要业务领域包括电力工程（390.4 亿美元）、房屋建筑（217.6 亿美元）、交通运输建设（206.2 亿美元）、石油化工（167.5 亿美元），工业建设及制造加工设施（79.0 亿美元），合计占比达 84.3%。[33]

随着国内相关产业竞争力的提升，中国对外承包工程企业在交通运输、电力工程和房屋建筑等领域的竞争优势愈发凸显。2016 年，中国对外承包工程企业在交通运输建设领域的新签合同额为 557.4 亿美元，业务占比达 22.8%；在电力工程建设领域的新签合同额为 535.9 亿美元，同比增长 17.3%；在房屋建筑领域的新签合同额为 461.7 亿美元，同比增长 25.3%。

---

[33] 功成 2016年我国对外承包工程业务发展概述[J]. 国际工程与劳务, 2017(4)：20-25.

国际地位

如今，越来越多的中国对外承包工程企业已跻身世界前列。根据美国《工程新闻纪录（ENR）》杂志历年发布的国际承包商225/250 强榜单[34]，中国上榜企业数量已经从 2001 年的 35 家增加到 2016 年的 65 家，海外营业额保持持续上涨，占所有上榜企业海外营业总额的比重由 2001 年的 4.6%提高到了 2016 年的 19.3%。（参见图4-29，图4-30）

图4-29 入选 ENR 国际承包商225/250 强榜单的中国企业数量

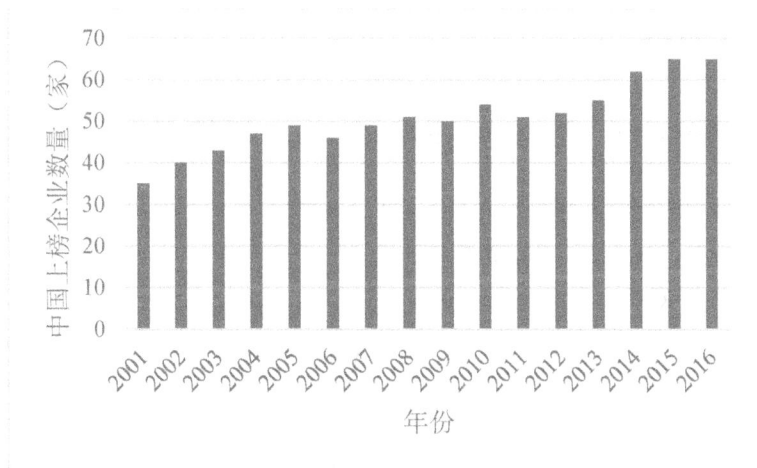

资料来源：2001-2016 年度 ENR 国际承包商 225/250 强榜单

---

[34] ENR在2001-2012年发布了225强榜单，自2013年起发布250强榜单，排名依据为企业在上一年度的海外营业额。

图 4-30 2001-2016 年度上榜中国企业海外营业额和业务占比

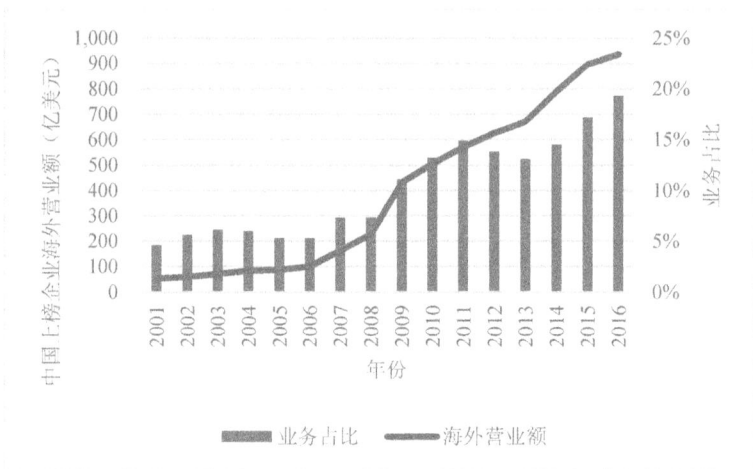

资料来源：2001-2016 年度 ENR 国际承包商 225/250 强榜单

2016 年度 ENR 国际承包商 250 强榜单显示，中国共有 65 家企业上榜，是上榜企业数量最多的国家。中国上榜企业的海外营业额合计达到 936.75 亿美元，同比增长 4.5%；中国企业占所有上榜企业海外营业总额的比重为 19.3%，较上一年度增加了 2.1 个百分点。（参见表 4-6，表 4-7）

表 4-6 2016 年度 ENR 国际承包商 250 强国别分布

企业国别	上榜企业数量	海外营业额（亿美元）	占比（%）
美国	39	473.19	9.7
加拿大	1	31.72	0.7
欧洲地区	52	2 122.63	43.6
英国	2	78.25	1.6
德国	4	291.13	6.0
法国	5	345.56	7.1

意大利	15	256.21	5.3
荷兰	3	97.50	2.0
西班牙	11	597.97	12.3
其他欧洲国家	12	456.02	9.4
澳大利亚	3	99.31	2.0
日本	14	251.68	5.2
中国	**65**	**936.75**	**19.3**
韩国	12	405.80	8.3
土耳其	39	225.92	4.6
巴西	2	157.41	3.2
其他	23	158.83	3.3
合计	250	4 863.24	100

资料来源： Peter, R. & Tulacz, G. (2016). The Top 250 International Contractors: Seeking Stable Markets. ENR, August 22/29, 37-44.

表4-7 入选2016年度ENR国际承包商250强的中国企业

序号	排名		企业名称
	2016年	2015年	
1	3	5	中国交通建设股份有限公司
2	11	11	中国电力建设股份有限公司
3	14	17	中国建筑股份有限公司
4	20	23	中国中铁股份有限公司
5	23	27	中国机械工业集团有限公司
6	45	44	中国葛洲坝集团股份有限公司
7	49	49	中国冶金科工集团有限公司
8	55	58	中国铁建股份有限公司

9	58	52	中信建设有限责任公司
10	60	47	中国土木工程集团有限公司
11	67	76	中国化学工程股份有限公司
12	68	64	中国石油天然气管道局
13	74	74	中国水利电力对外公司
14	75	84	中石化炼化工程（集团）股份有限公司
15	77	81	青建集团股份公司
16	84	66	中国石油工程建设公司
17	88	**	哈尔滨电气国际工程有限责任公司
18	92	93	通用技术集团控股有限责任公司
19	95	137	中国江苏国际经济技术合作集团有限公司
20	97	86	中地海外集团有限公司
21	103	112	中国江西国际经济技术合作公司
22	104	115	威海国际经济技术合作股份有限公司
23	105	100	上海建工集团有限公司
24	107	72	中国东方电气集团有限公司
25	109	110	中国中原对外工程有限公司
26	111	129	江西中煤建设集团有限公司
27	112	**	北方国际合作股份有限公司
28	115	109	北京建工集团有限责任公司
29	116	118	新疆生产建设兵团建设工程（集团）有限责任公司
30	117	146	浙江省建设投资集团股份有限公司

31	119	165	中国寰球工程公司
32	124	120	中国地质工程集团公司
33	125	127	中石化中原石油工程公司
34	127	126	安徽建工集团有限公司
35	128	**	中国电力技术装备有限公司
36	129	171	中国有色金属建设股份有限公司
37	130	113	中国河南国际合作集团有限公司
38	131	142	中鼎国际工程有限责任公司
39	144	**	上海城建（集团）公司
40	145	153	安徽省外经建设（集团）有限公司
41	150	155	江苏南通三建集团股份有限公司
42	153	148	沈阳远大铝业工程有限公司
43	160	131	中钢设备有限公司
44	166	138	中国能源建设集团天津电力建设有限公司
45	167	181	中国山东对外经济技术合作集团有限公司
46	168	154	中国武夷实业股份有限公司
47	171	206	北京城建集团有限责任公司
48	172	**	泛华建设集团有限公司
49	176	212	中石油胜利石油工程有限公司
50	179	104	中国成套设备进出口（集团）总公司
51	183	195	烟建集团有限公司
52	185	182	南通建工集团股份有限公司

53	186	**	云南省建设投资控股集团有限公司
54	189	**	山东淄建集团有限公司
55	194	152	中国大连国际经济技术合作集团有限公司
56	196	194	中国甘肃国际经济技术合作总公司
57	204	222	江苏南通六建建设集团有限公司
58	209	128	中国石油集团工程设计有限责任公司
59	211	172	烟台国际经济技术合作集团有限公司
60	212	178	大庆油田工程建设公司
61	213	210	重庆对外建设（集团）有限公司
62	218	**	浙江省交通工程建设集团有限公司
63	230	196	山东科瑞石油装备有限公司
64	236	**	中国电力工程顾问集团有限公司
65	249	91	上海电气集团股份有限公司

注：** 2016 年度新上榜企业

资 料 来 源 ： http://www.enr.com/toplists/2016-Top-250-International-Contractors1

　　同其他国家的上榜企业相比，中国国际承包商的业务相对集中于非洲和亚洲市场，市场占有率分别达到 54.9%和 25.0%，二者均高于其他国家水平；在中东市场的占有率为 17.2%，仅低于韩国；在拉丁美洲/加勒比地区的市场占有率为 13.7%，不及西班牙和巴西；在美国、欧洲和加拿大的市场占有率分别为 7.3%、3.6%和0.8%，尚有较大的开拓空间。（参见表 4-8）

表 4-8 2016 年度 ENR 国际承包商 250 强市场份额

单位：%

	中东	亚洲	非洲	欧洲	美国	加拿大	拉丁美洲/加勒比地区
美国	5.8	11.5	1.4	8.6	-	60.6	11.4
加拿大	1.2	0.9	0.5	0.1	0.8	-	0.6
欧洲地区	32.3	28.5	25.3	75.2	71.0	27.6	40.7
英国	6.5	0.6	1.3	1.3	0	0	0.3
德国	1.9	9.7	0.2	2.5	22.5	4.6	0.7
法国	0.9	3.6	5.6	20.7	5.4	10.5	2.5
意大利	7.0	3.4	10.1	4.7	1.5	3.2	6.8
荷兰	1.2	1.0	1.8	6.2	0	0	1.3
西班牙	4.9	9.5	2.4	12.2	28.6	8.9	25.9
其他欧洲国家	10	0.7	3.8	27.6	12.9	0.4	3.2
澳大利亚	1.2	3.0	0.2	1.2	5.2	6.6	0.1
日本	1.7	11.6	0.5	2.9	10.9	2.7	0.8
中国	**17.2**	**25.0**	**54.9**	**3.6**	**7.3**	**0.8**	**13.7**
韩国	21.2	12.9	5	1.1	0.7	1.7	6.9
土耳其	7.9	5.5	4.7	7.2	0.2	0	0
巴西	0.2	0	3.2	0	0.2	0	24.5
其他	11.4	1.1	4.5	0.2	3.6	0.1	1.3
合计	100.0	100.0	100.0	100.0	100.0	100.0	100.0

资 料 来 源 ： http://www.enr.com/toplists/2016-Top-250-International-Contractors1

在地区市场前十名榜单中，中国企业在除欧洲和加拿大市场以外的地区榜单均占有席位。其中，中国交通建设股份有限公司（非洲市场第一，亚洲市场第四，中东市场第五）、中国电力建设股份有限公司（非洲市场第二，亚洲市场第六，美国市场第十）和中国建筑股份有限公司（非洲市场第五，亚洲市场第七，美国市场第九）的表现尤为突出。（参见表4-9）

表4-9 入选2016年度国际承包地区市场前十名的中国企业

地区	地区市场排名	企业名称
非洲	1	中国交通建设股份有限公司
	2	中国电力建设股份有限公司
	3	中国中铁股份有限公司
	5	中国建筑股份有限公司
	6	中国土木工程集团有限公司
	10	中国铁建股份有限公司
亚洲	4	中国交通建设股份有限公司
	6	中国电力建设股份有限公司
	7	中国建筑股份有限公司
美国	9	中国建筑股份有限公司
	10	中国电力建设股份有限公司
中东地区	5	中国交通建设股份有限公司
拉丁美洲/加勒比地区	9	中国机械工业集团有限公司

资 料 来 源：http://www.enr.com/toplists/2016-Top-250-International-Contractors1

在业务领域前十名榜单中，中国企业在除石油化工和制造加工外的领域榜上有名。其中，进入水利建设领域前十名的中国企业有 4 家，电力建设领域有 3 家，通讯工程领域有 2 家，交通运输、房屋建设、工业建设以及排水/废物处理领域分别有 1 家。（参见表 4-10）

表 4-10 入选 2016 年度国际承包业务领域前十名的中国企业

业务领域	业务领域排名	企业名称
交通运输	1	中国交通建设股份有限公司
房屋建设	5	中国建筑股份有限公司
电力建设	1	中国电力建设股份有限公司
	6	中国葛洲坝集团股份有限公司
	8	中国机械工业集团有限公司
工业建设	6	中国冶金科工集团有限公司
水利建设	3	中国交通建设股份有限公司
	5	中国电力建设股份有限公司
	8	中国水利电力对外公司
	10	中国机械工业集团有限公司
排水/废物处理	5	中国交通建设股份有限公司
通讯工程	5	中国交通建设股份有限公司
	7	中国机械工业集团有限公司

资 料 来 源： http://www.enr.com/toplists/2016-Top-250-International-Contractors1

对外劳务合作

业务规模

自 2006 年以来，中国对外劳务合作整体呈现平稳上升的趋势，但近两年的派遣规模稍有回落。2016 年，中国对外劳务合作派出各类劳务人员 49.4 万人，较上一年减少 3.6 万人。其中，承包工程项下派出 23.0 万人，劳务合作项下派出 26.4 万人。年末在外各类劳务人员 96.9 万人，较上年同期减少 5.8 万人。截至 2016 年末，对外劳务合作业务累计派出各类劳务人员约 850 万人。（参见表 4-11、图 4-31）

表 4-11 2006-2016 年中国对外劳务合作发展情况

单位：万人

年份	当年派出人数	年末在外人数	累计派出人数
2006	35.1	67.5	382
2007	37.2	74.3	419
2008	42.7	74.0	462
2009	39.5	77.8	502
2010	41.1	84.7	542
2011	45.2	81.2	588
2012	51.2	85.0	639
2013	52.7	85.3	692
2014	56.2	100.6	748
2015	53.0	102.7	802
2016	49.4	96.9	850

资料来源：http://fec.mofcom.gov.cn/article/tjsj/

图4-31 2006-2016 年中国对外劳务合作发展情况

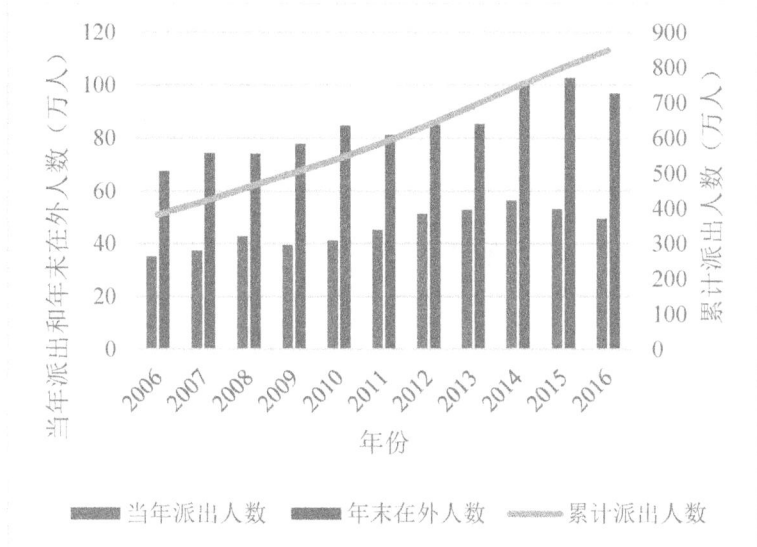

图例：当年派出人数　年末在外人数　累计派出人数

资料来源： http://fec.mofcom.gov.cn/article/tjsj/

区域分布

　　根据当年派出人员和年末在外人员的区域分布，中国对外劳务合作业务主要集中于亚洲和非洲市场。2016 年，中国向亚洲地区派出劳务人员 34.9 万人，与上一年持平，向非洲、欧洲和拉丁美洲市场派出的劳务人员分别减少了 3.2 万人、0.4 万人和 0.3 万人，向大洋洲和北美洲派出的劳务人员分别增加了 0.2 万人和 0.07 万人。当年末，在亚洲和非洲的中国劳务人员分别为 64.4 万人和 23.3 万人，二者合计占比超过九成，在拉丁美洲、欧洲、大洋洲和北美洲的劳务人数分别为 4.6 万、2.9 万、1.3 万和 0.4 万。（参见图 4-32）

图4-32 2011-2016年中国对外劳务合作业务区域分布

资料来源：中国国家统计局

2016 年，中国各类外派劳务人员主要分布在中国澳门、中国香港、新加坡、日本、阿尔及利亚、沙特阿拉伯、巴拿马、马来西亚、伊拉克、巴基斯坦等国家（地区），合计约 30 万人，占全部外派人员总数的 60.6%。当年末，中国各类在外劳务人员主要分布在日本、中国澳门、新加坡、阿尔及利亚、中国香港、沙特阿拉伯、安哥拉、巴拿马、马来西亚、印度尼西亚等地，合计人数达到 63.5 万，占全部在外劳务人员的 65.6%。（参见表 4-12）

表4-12 2016年中国对外劳务合作涉及的主要国家（地区）

国家/地区	当年派出人数	占比	国家/地区	年末在外人数	占比
中国澳门	69 717	14.1%	日本	146 007	15.1%
中国香港	40 028	8.1%	中国澳门	122 636	12.7%
新加坡	37 724	7.6%	新加坡	100 612	10.4%
日本	36 577	7.4%	阿尔及利	91 596	9.5%

			亚		
阿尔及利亚	29 931	6.1%	中国香港	47 825	4.9%
沙特阿拉伯	29 423	6.0%	沙特阿拉伯	42 069	4.3%
巴拿马	18 824	3.8%	安哥拉	29 428	3.0%
马来西亚	12 883	2.6%	巴拿马	19 662	2.0%
伊拉克	12 541	2.5%	马来西亚	19 197	2.0%
巴基斯坦	11 863	2.4%	印度尼西亚	16 435	1.7%
合计	299 511	60.6%	合计	635 467	65.6%

资料来源：文月. 2016 年中国对外劳务合作发展述评. 国际工程与劳务，2017(3)：39-44.

行业分布

2016 年末，中国在外各类劳务人员主要分布在建筑业、制造业和交通运输三大行业，合计人数达到 70.6 万人，所占比重为 72.8%。同上一年相比，除住宿和餐饮业、科教文卫体业的在外劳务人员有所增加外，其他行业在外劳务人员均出现了不同程度的减少。（参见表 4-13，图 4-33）

表 4-13 2016 年末中国在外劳务人员行业分布

行业类别	年末在外人数（万人）	占比	较上一年增加人数
农林牧渔业	5.7	5.9%	-2 016
渔船船员	2.3	2.4%	-822
农业种植	1.8	1.9%	-490
制造业	15.3	15.8%	-8 906
纺织服装	2.1	2.2%	-2 359

电子	1.5	1.5%	-2 335
机械加工	1.8	1.9%	-1 583
建筑业	45.1	46.5%	-36 932
交通运输业	10.2	10.5%	-14 657
海员	9.6	9.9%	-15 523
计算机服务和软件业	0.3	0.3%	-143
住宿和餐饮业	5.2	5.4%	4 023
科教文卫体业	0.7	0.7%	653
其他行业	14.4	14.9%	-68
合计	96.9	100.0%	-58 046

资料来源：文月. 2016 年中国对外劳务合作发展述评. 国际工程与劳务, 2017(3)：39-44.

图 4-33 2016 年末中国在外劳务人员行业分布

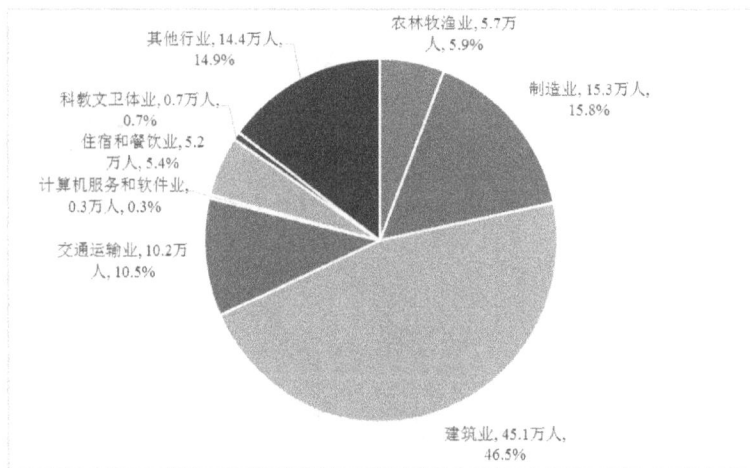

资料来源：文月. 2016 年中国对外劳务合作发展述评. 国际工程与劳务, 2017(3)：39-44.

对外援助项目

1950 年，中国开始向朝鲜和越南两国提供物资援助，从此开启了中国对外援助的序幕。1955 年万隆亚非会议后，随着对外关系的发展，中国的对外援助范围从社会主义国家扩展到其他发展中国家。1956 年，中国开始向非洲国家提供援助。1978 年中国实行改革开放后，同其他发展中国家的经济合作由过去单纯提供援助发展为多种形式的互利合作。20 世纪 90 年代，中国在加快从计划经济体制向社会主义市场经济体制转变的过程中，开始对对外援助进行一系列改革，重点是推动援助资金来源和方式的多样化。21 世纪以来，中国的对外援外不再局限于单纯的政府间合作，而是致力于推动双方企业的经贸合作，成为中国企业"走出去"的有益途径。

目前，中国尚未出台《对外援助法》，相关的法律依据仅限于商务部出台的法律规章。（参见表 4-14）

表 4-14 中国对外援助依据的法规

年份	名称	发布机构
2014	对外援助管理办法（试行）	商务部
2015	对外援助项目实施企业资格认定办法（试行）	商务部
2015	对外援助成套项目管理办法（试行）	商务部
2015	对外援助物资项目管理办法（试行）	商务部
2015	对外技术援助项目管理办法（试行）	商务部
2015	对外援助项目采购管理规定（试行）	商务部
2016	对外援助标识使用管理办法（试行）	商务部

2016 年 12 月，国务院新闻办公室发布《发展权：中国的理念、实践与贡献》白皮书。白皮书明确指出，中国坚持相互尊重、平等相待、合作共赢、

共同发展的原则，将继续支持和帮助发展中国家特别是最不发达国家减少贫困、改善民生、改善发展环境，推动建设人类命运共同体。

根据白皮书披露的数据，60 多年来，中国共向 166 个国家和国际组织提供了近 4 000 亿元人民币援助，为发展中国家培训各类人员 1 200 多万人次，派遣 60 多万援助人员，其中 700 多人为他国发展献出了宝贵生命。2008 年以来，中国连续多年成为最不发达国家第一大出口市场，吸收最不发达国家约 23%的产品出口。为进一步推进发展中国家经济增长和民生改善，促进共同发展，中国将设立"南南合作援助基金"，继续增加对最不发达国家投资，免除符合条件国家的特定债务，设立国际发展知识中心，继续推进"一带一路"建设。未来 5 年，中国将向发展中国家提供"6 个100"项目支持，包括 100 个减贫项目，100 个农业合作项目，100个促贸援助项目，100 个生态保护和应对气候变化项目，100 所医院和诊所，100 所学校和职业培训中心；向发展中国家提供 12 万个来华培训和 15 万个奖学金名额，为发展中国家培养 50 万名职业技术人员；设立南南合作与发展学院，向世界卫生组织提供 200 万美元的现汇援助。

援助资金

中国对外援助资金主要包括无偿援助、无息贷款和优惠贷款 3种类型。其中，无偿援助主要用于帮助受援国建设中小型社会福利项目以及实施人力资源开发合作、技术合作、物资援助和紧急人道主义援助等领域项目。无息贷款主要用于帮助受援国建设社会公共设施和民生项目。优惠贷款主要用于帮助受援国建设有经济效益和社会效益的生产型项目、大中型基础设施项目，提供较大型成套设备、机电产品等。

截至 2012 年末，中国累计提供对外援助资金 3 456.3 亿元人民币，包括无偿援助 1 385.2 亿元，无息贷款 838.0 亿元，优惠贷款 1 233.1 亿元。其中，中国 2010-2012 年提供的对外援助金额为 893.4 亿元，包括无偿援助 323.2 亿元，无息贷款 72.6 亿元，优惠贷款 497.6 亿元，三者占比分别为 36.2%、8.1%、55.7%。同此前相比，优惠贷款的比例出现了大幅提升。（参见表 4-15、图 4-34）

表4-15 中国对外援助资金

	截至 2009 年末		2010-2012 年		截至 2012 年末	
	金额（亿元）	占比（%）	金额（亿元）	占比（%）	金额（亿元）	占比（%）
无偿援助	1062	41.4	323.2	36.2	1385.2	40.1
无息贷款	765.4	29.9	72.6	8.1	838.0	24.2
优惠贷款	735.5	28.7	497.6	55.7	1233.1	35.7
合计	2562.9	100.0	893.4	100.0	3456.3	100.0

资料来源：中国的对外援助白皮书（2011）；中国的对外援助白皮书（2014）

图4-34 中国对外援助资金类型占比

资料来源：中国的对外援助白皮书（2011）；中国的对外援助白皮书（2014）

援助分布

2010-2012 年，中国共向 121 个国家提供了援助，包括非洲 51 个国家，亚洲 30 个国家，拉美和加勒比地区 19 个国家，欧洲 12 个国家，大洋洲 9 个国家。此外，中国还向非洲联盟等区域组织提供了援助。其中，非洲和亚洲是中国对外援助的主要地区，援助资金占比分别为 51.8% 和 30.5%。（参见图 4-35）

图 4-35 2010-2012 年中国对外援助资金分布（按受援助地区）

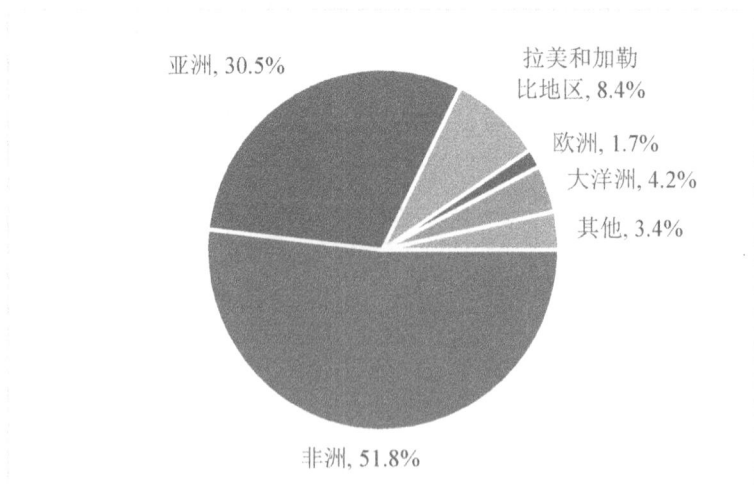

资料来源：中国的对外援助白皮书（2014）

　　按受援国收入水平划分，中国对最不发达国家、中低收入国家和其他低收入国家的援助比例合计超过八成，分别为 52.1%、21.2% 和 9.0%。（参见图 4-36）

图 4-36 2010-2012 年中国对外援助资金分布（按受援国类型）

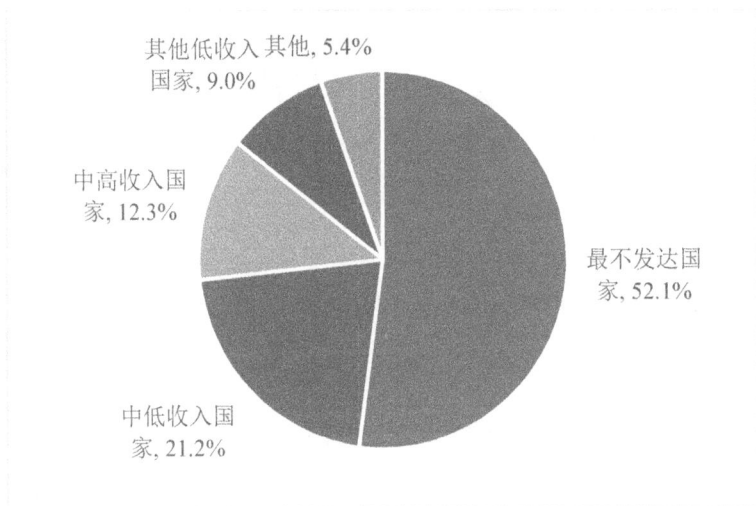

资料来源：中国的对外援助白皮书（2014）

　　按援助投入领域划分，中国对外援助资金主要用于受援国经济基础设施建设、社会公共基础设施建设和物资援助，三者占比分别为 44.8%、27.6%和 15.0%。（参见图 4-37）

图 4-37 2010-2012 年中国对外援助资金分布（按投入领域）

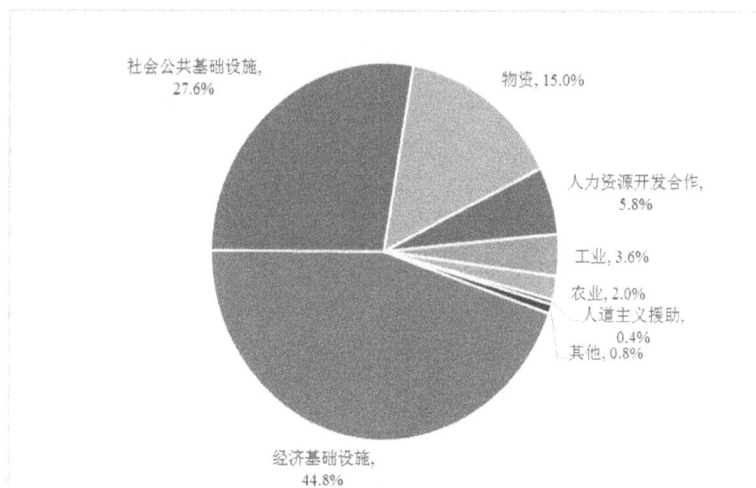

社会公共基础设施，27.6%

物资，15.0%

人力资源开发合作，5.8%

工业，3.6%

农业，2.0%

人道主义援助，0.4%

其他，0.8%

经济基础设施，44.8%

资料来源：中国的对外援助白皮书（2014）

援助方式

中国对外援助方式主要包括援建成套项目、提供一般物资、开展技术合作和人力资源开发合作、派遣援外医疗队和志愿者、提供紧急人道主义援助以及减免受援国债务等。

2010-2012 年，中国在 80 个国家建设成套项目 580 个，重点集中于社会公共设施、经济基础设施以及农业领域（参见表 4-16）；向 96 个国家和地区提供物资援助 424 批，主要包括办公用品、机械设备、检测设备、交通运输工具、生活用品、药品以及医疗设备等；在 61 个国家和地区完成技术合作项目 170 个，主要涉及工业生产和管理、农业种植养殖、文化教育、体育训练、医疗卫生、清洁能源开发、规划咨询等领域；在国内举办 1 951 期培训班，其中包括官员研修班、技术人员培训班、在职学历教育项目等，为其他发展中国家培训人员 49 148 名。

表 4-16 2010-2012 年中国对外援助成套项目行业分布

行业	项目数（个）
社会公共设施	360
其中：医院	80
学校	85
民用建筑	80
打井供水	29
公用设施	86
经济基础设施	156
其中：交通运输	72
广播电信	62
电力	22
农业	49
其中：农业技术示范中心	26
农田水利	21
农业加工	2
工业	15
其中：轻工纺织	7
建材化工	6
机械电子	2
总计	580

资料来源：中国的对外援助白皮书（2014）

第 5 章

中国企业"走出去"的推动因素

近年来，中国企业"走出去"的步伐不断加快，一方面得益于中国对外经济发展的战略布局以及相关制度体系的不断完善，另一方面也反映了中国企业意图提升品牌影响力、开拓海外市场和扩展产业链等发展诉求。

国家发展战略

2013 年 9 月和 10 月，中国国家主席习近平在出访中亚和东南亚国家期间先后提出共建"丝绸之路经济带"和"21 世纪海上丝绸之路"的战略构想，得到了国际社会的高度关注和有关国家的积极响应。同年 11 月，党的十八届三中全会通过了《中共中央关于全面深化改革若干重大问题的决定》，明确指出要"加快同周边国家和区域基础设施互联互通建设，推进丝绸之路经济带、海上丝绸之路建设，形成全方位开放新格局。"

2014 年 10 月和 11 月，中国倡导成立亚洲基础设施投资银行（以下简称"亚投行"），并宣布将出资 400 亿美元成立丝路基金，推进"一带一路"建设。同年 12 月，中央经济工作会将"一带一路"列为国家三大战略之一。

2015 年 3 月，国家发改委、外交部、商务部经国务院授权联合发布了《推动共建丝绸之路经济带和 21 世纪海上丝绸之路的愿景与行动》，明确了"一带一路"的共建原则、框架思路、合作重点、合作机制等，标志着"一带一路"战略顶层规划设计的完成。同年 6 月，亚投行正式成立。

2016 年 3 月，国家《"十三五"规划纲要》正式发布，不仅提出了以"一带一路"建设为统领构建全方位开放新格局的要求，而且有一章节专门围绕"推进'一带一路'建设"展开，意味着"一带一路"战略将是未来 5 年中国经济社会发展的主要目标任务和重大举措。同年 6 月，习近平在乌兹别克斯坦最高会议立法院发表演讲时提出了未来深化"一带一路"合作的重点领域，包括环保保护、医疗卫生、人才培养和安全治理，倡议各国携手打造"绿色丝绸之路"、"健康丝绸之路"、"智力丝绸之路"和"和平丝绸之路"。

2017 年 5 月 14-15 日，"一带一路"国际合作高峰论坛在京召开，全球 100 多个国家代表团参加，29 个国家元首齐聚北京。截至目前，"一带一路"倡议已经得到了 100 多个国家和国际组织的积极响应，中国已经和 50 多个国家签署了相关的合作协议，和 20 个国家开展了国际产能合作，在沿线 20 多个国家建立了 56 个经贸合作区。[35]2014-2016 年，中国企业对沿线国家的直接投资超

---

[35] https://www.yidaiyilu.gov.cn/ztindex.htm

过 500 亿美元，在沿线国家新签对外承包工程合同额达到 3 049 亿美元。[36]

管理体制改革

自改革开放以来，中国对外直接投资的管理体制经历了从审批制到核准制和备案制的转变。相关政府部门多次下放核准权限，简化审理流程，促进企业对外投资的便利化。

2004 年，国务院发布《关于投资体制改革的决定》，确立了转变政府职能、落实企业投资自主权的改革方向，并公布了首份《政府核准的投资项目目录》。作为中国对外投资的主管部门，国家发改委颁布了《境外投资项目核准暂行管理办法》，商务部颁布了《关于境外投资开办企业核准事项的规定》和《关于内地企业赴香港、澳门特别行政区投资开办企业核准事项的规定》。

根据上述相关规定，中方投资额 2 亿美元及以上的资源开发类境外投资项目和中方投资用汇额 5 000 万美元及以上的其他境外投资项目，由国家发改委审核后报国务院核准；中方投资 3 000 万美元及以上的资源开发类境外投资项目和中方投资用汇额 1 000 万美元及以上的非资源类境外投资项目，由国家发改委核准。其他境外投资项目，中央管理企业投资的项目由其自主决策并报国家发改委备案；其他企业投资的项目由省级发改委核准。中央企业在境外开办企业（金融类企业除外）由商务部核准，其他企业在商务部所列国家投资开办企业由省级商务主管部门核准。

---

[36] https://www.yidaiyilu.gov.cn/xwzx/gnxw/12674.htm

2009 年，商务部颁布《境外投资管理办法》，对企业在境外开办企业的核准权限做出了进一步的划分。根据规定，须报商务部核准的包括各类企业开展的以下情形的境外投资：（1）在与我国未建交国家的境外投资；（2）特定国家或地区的境外投资（具体名单由商务部会同外交部等有关部门确定）；（3）中方投资额 1 亿美元及以上的境外投资；（4）涉及多国（地区）利益的境外投资；（5）设立境外特殊目的公司。须报省级商务主管部门核准的包括地方企业开展的以下情形的境外投资：（1）中方投资额 1 000 万美元及以上、1 亿美元以下的境外投资；（2）能源、矿产类境外投资；（3）需在国内招商的境外投资。企业开展其他情形的境外投资，只需通过"境外投资管理系统"提交申请表即可，其中中央企业报商务部核准，地方企业报省级商务主管部门核准。

2013 年，国务院对《政府核准的投资项目目录》进行了修订，仅对中方投资 10 亿美元及以上的境外投资项目和涉及敏感国家和地区、敏感行业的境外投资项目实行核准管理。2014 年，国务院对此进行了再次修订，取消了对中方投资 10 亿美元及以上项目的核准要求，换言之，只有涉及敏感国家和地区、敏感行业的境外投资项目须经国务院投资主管部门核准，其他境外投资项目只需备案即可。

2014 年，商务部对《境外投资管理办法》进行了修订，以"备案为主，核准为辅"的管理模式取代了全面核准制度，并引入负面清单的管理理念，除对涉及敏感国家和地区、敏感行业的境外投资实行核准管理，其他均实行备案管理。

根据现行制度，中国企业对外直接投资一般需要经过发改部门（国家或地方发改委）、商务部门（商务部或地方商务主管部门）以及外管部门（国家或地方外汇管理部门）的审核或登记。（参见图 5-1）

图 5-1 中国企业对外直接投资的审批流程

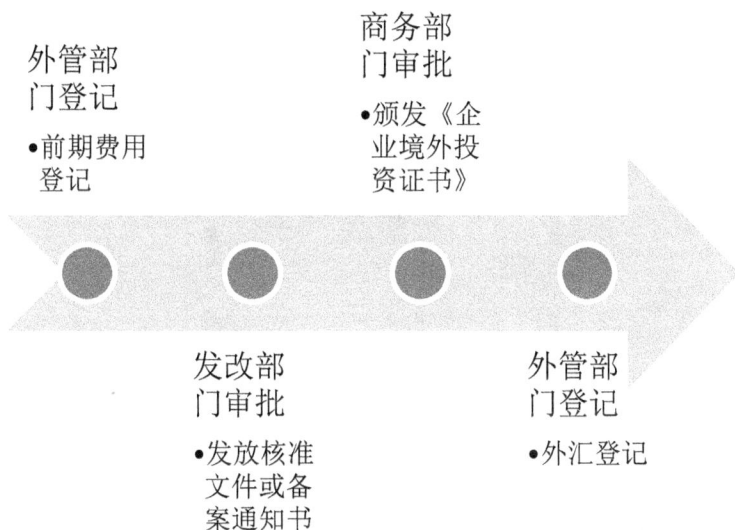

外管部门登记
- 前期费用登记

商务部门审批
- 颁发《企业境外投资证书》

发改部门审批
- 发放核准文件或备案通知书

外管部门登记
- 外汇登记

资料来源：作者整理

此外，涉及国有资产的海外投资需要经过国务院国有资产监督管理委员会（以下简称"国资委"）及其地方分支机构的审批；境内银行、证券、保险机构对相应行业的海外投资需要经过相关行业监管机构（中国银行业监督管理委员会即"银监会"、中国证券监督管理委员会即"证监会"、中国保险监督管理委员会即"保监会"）的审批。

发改部门审批

根据国家发改委发布的《境外投资项目核准和备案管理办法》（2014 年第 9 号令）、《关于修改<境外投资项目核准和备案管理办法>有关条款的决定》（2014 年第 20 号令）以及国务院发布的《政府核准的投资项目目录（2016 年本）》，除涉及敏感国家和地区、敏感行业的境外投资项目（以下简称"敏感项目"）以外，国家对境外投资项目实行备案管理。这里的"敏感国家和地区"包括未建交和受国际制裁的国家，发生战争、内乱等国家和地区。"敏感行业"包括基础电信运营，跨境水资源开发利用，大规模土地开发，输电干线、电网，新闻传媒等行业。[37]

具体而言，敏感项目由国家发改委核准。其中，中方投资额 20 亿美元及以上的，由国家发改委提出审核意见报国务院核准。对于其他境外投资项目，中央管理企业实施的境外投资项目、地方企业实施的中方投资额 3 亿美元及以上境外投资项目，由国家发展改革委备案；地方企业实施的中方投资额 3 亿美元以下境外投资项目，由各省、自治区、直辖市及计划单列市和新疆生产建设兵团等省级政府投资主管部门备案。（参见表 5-1）

表 5-1 中国企业境外投资项目审批机关和权限

项目类型	企业类型	境外投资额（美元）	审批机关		
			省级发改委	国家发改委	国务院
敏感项目	-	≥20亿	-	审核意见	核准

---

[37] 《境外投资项目核准和备案管理办法》（2014年第9号令）第七条。

		-	< 20亿	-	核准	-
非敏感项目	中央企业	-	-	备案	-	
	地方企业	≥ 3亿	-	备案	-	
		< 3亿	备案	-	-	

资料来源: 作者整理

此外,对于中方投资额 3 亿美元及以上的境外收购或竞标项目,投资主体在对外开展实质性工作之前,应向国家发改委报送项目信息报告。所谓"对外开展实质性工作",境外收购项目是指对外签署约束性协议、提出约束性报价及向对方国家或地区政府审查部门提出申请,境外竞标项目是指对外正式投标。[38]

商务部门审批

根据商务部发布的《境外投资管理办法》(2014 年第 3 号令),商务部门对涉及敏感国家和地区、敏感行业的企业境外投资(以下简称"敏感投资")实行核准管理;对其他情形的境外投资实行备案管理。所谓"敏感国家和地区"是指与中华人民共和国未建交的国家、受联合国制裁的国家。必要时,商务部可另行公布其他实行核准管理的国家和地区的名单。"敏感行业"是指涉及出口中华人民共和国限制出口的产品和技术的行业、影响一国(地区)以上利益的行业。[39]

---

[38] 《境外投资项目核准和备案管理办法》(2014年第9号令)第十条。
[39] 《境外投资管理办法》(2014年第3号令)第七条。

具体而言，对属于备案情形的境外投资，中央企业报商务部备案；地方企业报所在地省级商务主管部门备案。对属于核准情形的境外投资，中央企业向商务部提出申请，地方企业通过所在地省级商务主管部门向商务部提出申请。此外，核准境外投资应当征求我驻外使（领）馆（经商处室）意见。涉及中央企业的，由商务部征求意见；涉及地方企业的，由省级商务主管部门征求意见。（参见表 5-2）

表5-2 中国企业境外投资审批机关和权限

项目类型	企业类型	审批机关	
		省级商务主管部门	商务部
敏感投资	中央企业	－	征求意见与核准
	地方企业	初步审查	征求意见与核准
非敏感投资	中央企业	－	备案
	地方企业	备案	－

资料来源：作者整理

外管部门登记

根据国务院 2008 年发布的《中华人民共和国外汇管理条例》、国家外管局 2009 年发布的《境内机构境外直接投资外汇管理规定》以及 2015 年发布的《关于进一步简化和改进直接投资外汇管理政策的通知》的规定，境内机构应到注册地银行申请办理境外直接投资前期费用登记和境外直接投资外汇登记。银行通过外汇局资本项目信息系统为境内机构办理相关登记手续后，境内机构凭业务登记凭证直接到银行办理后续资金购付汇手续。

境外直接投资前期费用是指境内机构在境外投资设立项目或企业前，需要向境外支付的与境外直接投资有关的费用，包括但不限于：（一）收购境外企业股权或境外资产权益，按项目所在地法律规定或出让方要求需缴纳的保证金；（二）在境外项目招投标过程中，需支付的投标保证金；（三）进行境外直接投资前，进行市场调查、租用办公场地和设备、聘用人员，以及聘请境外中介机构提供服务所需的费用。[40]

根据规定，境内机构汇出境外的前期费用，累计汇出额原则上不超过 300 万美元且不超过中方投资总额的 15%。如确有客观原因超出此限额，境内投资者需提交说明函至注册地外汇局申请（外汇局按个案业务集体审议制度处理）办理。

境内机构应申请办理境外直接投资外汇登记的情形包括：（1）境内机构在以境内外合法资产或权益（包括但不限于货币、有价证券、知识产权或技术、股权、债权等）向境外出资前；（2）境内机构以境外资金或其他境外资产或权益出资的境外直接投资；（3）多个境内机构共同实施一项境外直接投资的，由约定的一个境内机构申请办理；（4）境内机构设立境外分公司，参照境内机构境外直接投资管理。

---

[40] 《境内机构境外直接投资外汇管理规定》第十三条。

企业发展诉求

中国与全球化智库（CCG）于 2016 年进行的调查结果显示，国内政策支持（42%）、目的国招商引资优惠政策（41%）、双边和多变贸易或投资协定（38%）等国内外政策因素对中国企业"走出去"具有重要的激励作用。但值得注意的是，提升企业品牌（43%）已经成为影响中国企业"走出去"的首要因素，规避国际贸易壁垒（42%）、寻求海外市场和扩展上下游产业链（37%）同样构成中国企业"走出去"的主要驱动力量。（参见图 5-2）

图 5-2 中国企业"走出去"的影响因素和重要性¨

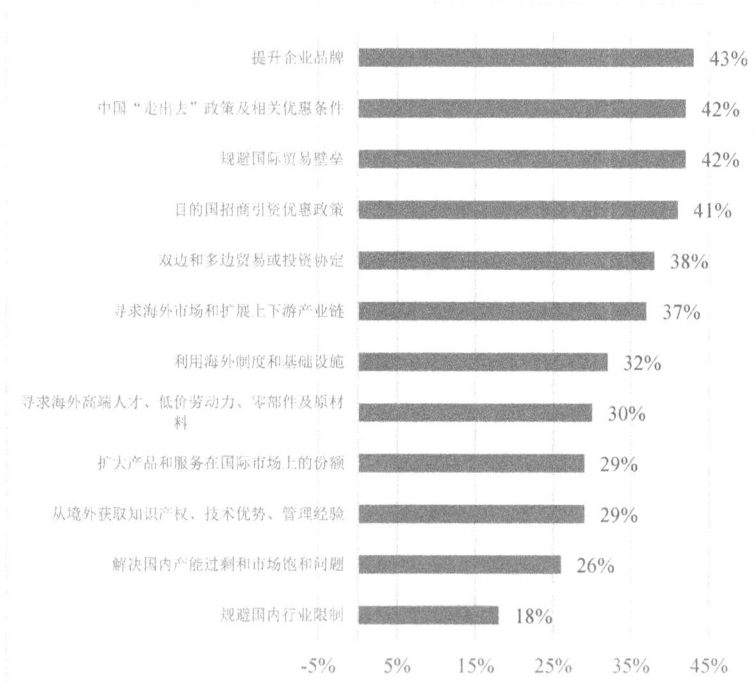

资料来源：中国与全球化智库企业全球化研究课题组. 中国企业对外投资调查分析报告. 王辉耀，苗绿. 企业国际化蓝皮书：中国企业全球化报告（2016）. 北京：社会科学文献出版社，2016：94-118.

提升品牌价值

品牌作为企业的重要无形资产与核心竞争力的体现，正日益受到中国企业的关注。中国国际贸易促进委员会 2010 年发布的《中国企业对外投资现状及意向调查报告》显示，只有 9%的受访企业称其"走出去"的目的在于获取国际知名品牌，而如今，提升企业品牌已成为中国企业"走出去"的首要动因。

《财富》杂志发布的"世界 500 强"榜单[41]和世界品牌实验室（World Brand Lab）发布的"世界品牌 500 强"[42]榜单显示，自 2005 年以来，中国企业在两大榜单的上榜数量均持续增加。然而，中国企业品牌影响力的提高速度显然落后于营业收入的增长，如何提升品牌的价值与形象构成了中国企业在国际化发展过程中亟待解决的问题。（参见图 5-3）

---

[41] "财富世界 500 强"榜单的排名依据为企业的营业收入。
[42] "品牌世界 500 强"榜单的排名依据为品牌影响力，关键评分指标包括市场占有率、品牌忠诚度和全球领导力。

图5-3 2005-2016 年入选"500 强"榜单的中国企业数量

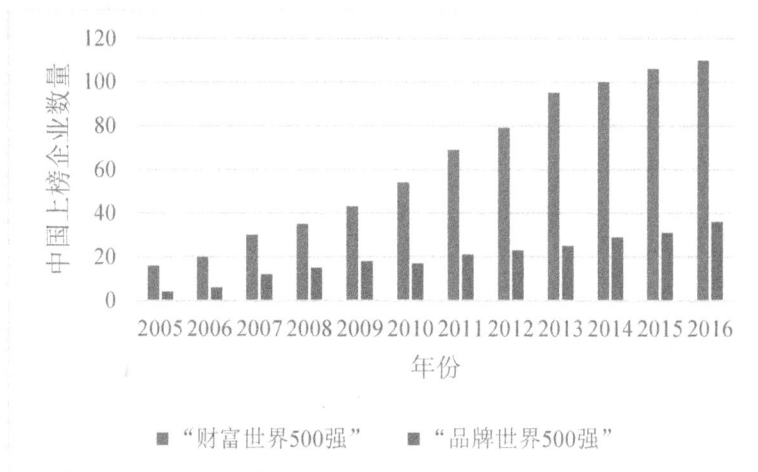

资料来源：财富世界 500 强和世界品牌 500 强历年榜单

规避贸易壁垒

近年来全球经济复苏乏力，贸易保护主义抬头趋势明显。根据欧盟委员会 2016 年发布的《贸易和投资壁垒及保护主义趋势》报告，自 2014 年 7 月 1 日至 2015 年 12 月 31 日，31 个欧盟贸易伙伴国[43]共采取了 201 项新的贸易限制措施，而被取消的措施仅有 16 项。自 2008 年以来，这 31 个国家采取的贸易限制措施总量已经超过 1 000 项，而被取消的仅有 180 项。[44]

---

[43] 包括阿尔及利亚、阿根廷、澳大利亚、白俄罗斯、巴西、加拿大、中国、厄瓜多尔、埃及、印度、印度尼西亚、日本、哈萨克斯坦、马来西亚、墨西哥、尼日利亚、巴基斯坦、巴拉圭、菲律宾、俄罗斯、沙特阿拉伯、南非、韩国、瑞士、中国台湾、泰国、突尼斯、土耳其、乌克兰、美国和越南。

[44] http://trade.ec.europa.eu/doclib/docs/2016/june/tradoc_154665.pdf

根据世界贸易组织的统计，中国已经连续 22 年成为遭遇反倾销调查最多的国家，连续 11 年成为遭遇反补贴调查最多的国家。截至 2016 年上半年，中国共遭遇来自 40 个国家或地区发起的反倾销调查 1 170 起[45]，来自 13 个国家或地区的反补贴调查 112 起[46]，保障措施调查 1 起[47]。在此背景下，许多中国企业选择通过对外直接投资实现国际化发展，以避免潜在的贸易争端。

开拓海外市场

改革开放后，中国主要依靠低成本优势参与国际分工，通过嵌入全球制造业价值链的加工环节，迅速成长为"世界工厂"。但由于中国出口产品附加值较低，中国企业大多处于全球价值链的低端。以苹果手机 iPhone 为例，苹果公司赚取的利润占比高达 75%，而中国工人分到的利润仅为 2%。[48]

如今，中国企业的跨国经营方式逐渐由出口贸易转向了对外直接投资，因而更加接近海外终端市场和当地社会，有利于开展本土化经营，实现国内外资源的整合。不仅如此，越来越多的中国企业选择通过海外并购的方式介入全球产业链的高端环节。例如，吉利集团收购沃尔沃（Volvo）、三一重工收购德国混凝土机械巨头普茨迈斯特（Putzmeister）、美的集团收购德国机器人制造商库卡（Kuka）等。

---

[45] https://www.wto.org/english/tratop_e/adp_e/adp_e.htm
[46] https://www.wto.org/english/tratop_e/scm_e/scm_e.htm
[47] https://www.wto.org/english/tratop_e/safeg_e/safeg_e.htm
[48] http://money.163.com/14/1203/10/ACHKAQCC00253G87.html#

跨国化指数（Transnationality Index，TNI）反映了跨国企业的海外经营活动强度，是衡量企业国际化水平的重要指标。该指数由三项指标构成，为海外资产额占企业总资产之比、海外销售金额占企业销售总额之比和海外员工人数占企业员工总数之比的平均值，即：

$$跨国化指数 = (\frac{海外资产额}{企业总资产} * 100\% + \frac{海外销售金额}{企业销售总额} * 100\% + \frac{海外员工人数}{企业员工总数} * 100\%)/3$$

跨国化指数越大，表示企业的国际化程度越高。

根据联合国贸发会议的统计数据，2014 年，全球海外资产排名前 100 位的非金融类跨国企业的海外资产平均为 826.6 亿美元，占资产总额的 60%；海外销售金额平均为 613.2 亿美元，占销售总额的 66%；海外员工人数平均为 9.6 万人，占员工总数的 57%；跨国指数约为 60%。

相形之下，中国企业的国际化水平虽然不断提升，但和全球顶尖跨国企业的差距仍然显著。根据相关统计，中国海外资产排名前 100 位的非金融类跨国企业的海外资产平均为 89.3 亿美元，海外销售金额平均为 82.1 亿美元，海外员工数平均为 7 547 人，跨国指数约为 15.6%。[49]

---

[49] 中国商务部. 中国对外投资合作发展报告 2015.
http://www.fdi.gov.cn/1800000121_35_1089_0_7.html

第 6 章

中国对主要经济体的投资与挑战

根据西班牙皇家埃尔坎诺研究所（Elcano Royal Institute）发布的《全球存在报告 2016》，中国的全球存在指数（Global Presence Index）[50]排名第二位，仅低于美国，这与中国经济的快速增长和外向型发展模式有关。2005-2016 年，中国企业在境外实施的大型投资和承包工程项目（交易金额超过 1 亿美元）累计接近 1.5 万亿美元。（参见图 6-1）

然而，中国对外投资的快速增长也引起了诸多国家的警惕与质疑，中国企业或将面临更加严格的审查监管措施和更大的国际舆论压力。不仅如此，中国企业的债务问题日益凸显，海外盈利状况亦不容乐观。在"走出去"之前加强风险预警和能力建设，推动理性而负责任的海外投资，已成为中国企业的当务之急。

---

[50] 该指数通过对经济、军事和软实力 3 个维度的评估，衡量各国的全球影响力。

图6-1 2005-2016 年中国大型投资和承包工程项目区域分布

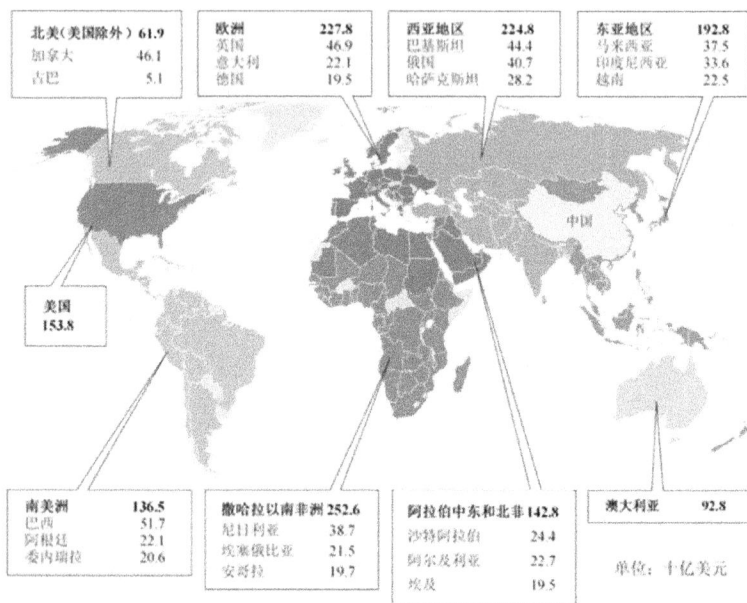

北美（美国除外）61.9		欧洲	227.8	西亚地区	224.8	东亚地区	192.8
加拿大	46.1	英国	46.9	巴基斯坦	44.4	马来西亚	37.5
古巴	5.1	意大利	22.1	俄国	40.7	印度尼西亚	33.6
		德国	19.5	哈萨克斯坦	28.2	越南	22.5

美国
153.8

南美洲	136.5	撒哈拉以南非洲 252.6		阿拉伯中东和北非 142.8		澳大利亚	92.8
巴西	51.7	尼日利亚	38.7	沙特阿拉伯	24.4		
阿根廷	22.1	埃塞俄比亚	21.5	阿尔及利亚	22.7		
委内瑞拉	20.6	安哥拉	19.7	埃及	19.5	单位：十亿美元	

资料来源：http://www.aei.org/china-global-investment-tracker/

中国企业海外经营现状

　　根据美国企业研究所（American Enterprise Institute，AEI）和传统基金会（Heritage Foundation）对中国的全球投资追踪（Global Investment Tracker）统计，2005-2016 年，中国企业在境外实施的大型投资和承包工程项目分别为 1 102 个和 1 136 个，投资总额分别为 8 580．7 亿美元和 6 278.4 亿美元。除此之外，有 202 个项目被确认为"问题交易"，即被东道国或中国的监管部门否决、遭受巨额财产损失或因投资方失误而导致失败的交易，涉及金额高达 3 211.4 亿美元。

　　根据投资金额统计，中国企业实施的大型对外直接投资项目主
要分布在欧洲、美国和东亚地区，合计约占投资总额的 50%（参见
表 6-1，图 6-2）；大型对外承包工程项目主要分布在撒哈拉以南
非洲地区、西亚及阿拉伯中东和北非地区，三者合计占比接近 70%
（参见表 6-2，图 6-3）；"问题交易"主要分布在澳大利亚、美
国、西亚以及欧洲地区（参见表 6-3，图 6-4），且有七成发生在
能源、金属和运输行业（参见表 6-4，图 6-5）。

表6-1 2005-2016 年中国大型对外直接投资项目区域分布

地区	项目数量（个）	投资金额（百万美元）	比例（%）
欧洲	245	195 910	22.8
美国	199	149 690	17.4
东亚	153	95 170	11.1
南美	84	89 210	10.4
西亚	129	89 120	10.4
澳大利亚	109	84 610	9.9
撒哈拉以南非洲地区	95	73 130	8.5
北美	63	50 560	5.9
阿拉伯中东和北非	25	30 670	3.6
总计	1 102	776 780	100.0

资料来源： http://www.aei.org/china-global-investment-tracker/

图6-2 *2005-2016年中国大型对外直接投资项目区域分布*

资料来源： http://www.aei.org/china-global-investment-tracker/

表6-2 *2005-2016年中国大型对外承包工程项目区域分布*

地区	项目数量（个）	投资金额（百万美元）	比例（%）
撒哈拉以南非洲地区	325	179 480	28.6
西亚	215	135 720	21.6
阿拉伯中东和北非	209	112 150	17.9
东亚	210	97 640	15.6
南美	71	47 290	7.5
欧洲	59	31 930	5.1
北美	24	11 320	1.8
澳大利亚	13	8 230	1.3
美国	10	4 080	0.6
总计	1 136	627 840	100.0

资料来源： http://www.aei.org/china-global-investment-tracker/

图6-3 2005-2016 年中国大型对外承包工程项目区域分布

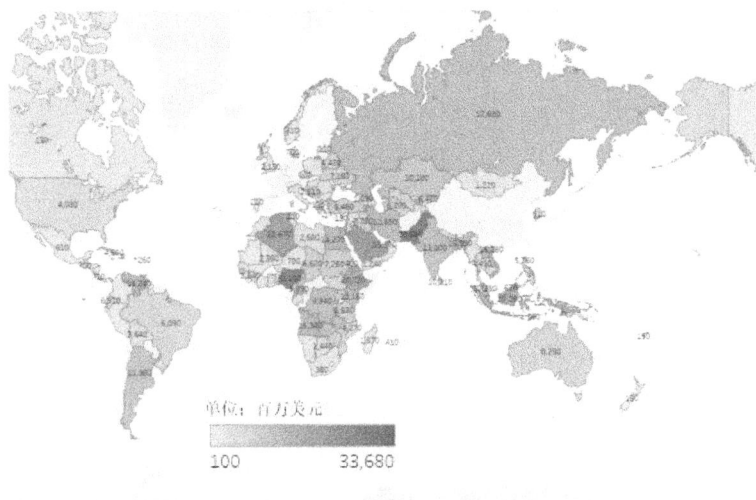

资料来源：http://www.aei.org/china-global-investment-tracker/

表6-3 2005-2016 年中国企业涉外"问题交易"区域分布

地区	项目数量（个）	投资金额（百万美元）	比例（%）
澳大利亚	29	56 910	17.7
美国	27	54 270	16.9
西亚	22	43 990	13.7
欧洲	28	42 470	13.2
撒哈拉以南非洲地区	30	38 080	11.9
东亚	32	27 700	8.6
南美	10	22 970	7.2
阿拉伯中东和北非	15	19 380	6.0
北美	9	15 370	4.8
总计	202	321 140	100.0

资料来源：http://www.aei.org/china-global-investment-tracker/

图6-4 2005-2016年中国企业涉外"问题交易"区域分布

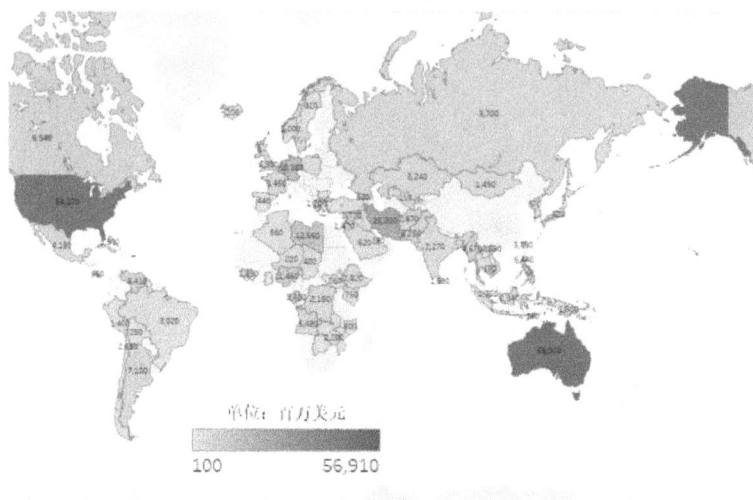

资料来源：http://www.aei.org/china-global-investment-tracker/

表6-4 2005-2016年中国企业涉外"问题交易"行业分布

行业	项目数量（个）	投资金额 （百万美元）	比例 （%）
能源	63	112 910	35.2
金属	42	70 810	22.0
运输	33	41 130	12.8
金融	19	34 300	10.7
技术	18	25 340	7.9
房地产	9	15 140	4.7
农业	7	10 860	3.4
旅游	7	7 360	2.3
化工	1	1 850	0.6
其他	2	1 090	0.3

娱乐	1	350	0.1
总计	202	321 140	100.0

资料来源：http://www.aei.org/china-global-investment-tracker/

图6-5 2005-2016年中国企业涉外"问题交易"行业分布

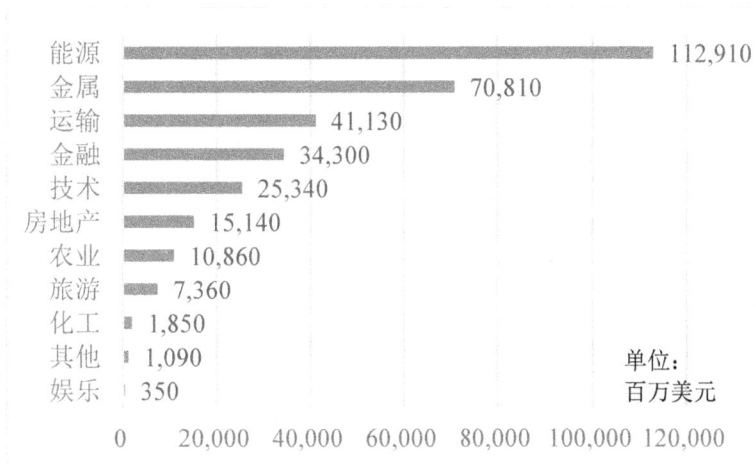

资料来源：http://www.aei.org/china-global-investment-tracker/

2016年，中国企业实施的大型对外直接投资项目接近1 700亿美元，其中以跨国并购方式进行的投资金额占比超过九成（参见图6-6）。然而，这些寻求海外并购的大型企业往往背负着沉重的债务，这使中国并购方的动机受到怀疑。

图6-6 2005-2016 年中国大型FDI 项目金额（按投资方式）

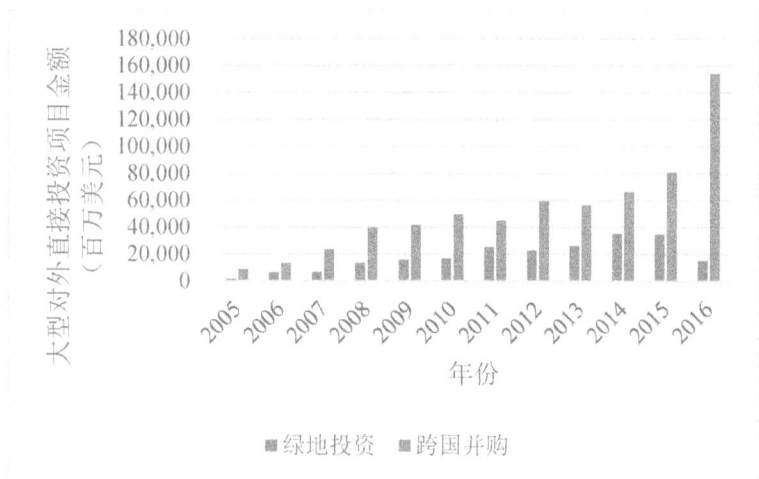

资料来源：http://www.aei.org/china-global-investment-tracker/

美国财经博客网站 Zerohedge 以企业负债与息税折旧摊销前利润（EBITDA）之比作为判断企业债务水平的标准。其统计显示，一些中国企业通过高杠杆进行海外并购，导致背负巨额债务。例如，复星集团在 2015 年上半年对 18 家海外公司发起了股权收购，共计使用资金 65 亿美元，但其债务总额与自身 EBITDA 的比值高达 55.7。中国远洋控股集团以 3.11 亿美元收购了希腊比雷埃夫斯港务局，并承诺在希腊港口建设方面投资 5 亿美元，尽管其负债总额达到自身 EBITDA 的 41.5 倍。中粮集团下属子公司中粮国际以 7.5 亿美元的价格收购了来宝农业，而公司的债务总额相当于其自身 EBITDA 的 52.3 倍。（参见图 6-7）

图6-7 部分中国跨国企业的债务水平

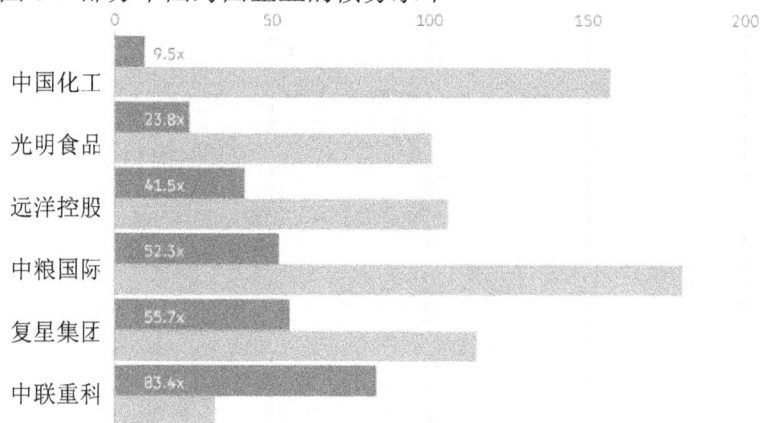

单位：百万元

■ 总负债/Ebitda

▨ 总负债

注：中国化工的数据取自 2014 年，其他公司的数据取自 2015 年

资料来源：http://www.ftchinese.com/story/001066096

　　除面临债务风险以外，中国企业的海外经营状况同样堪忧。
2017 年 6 月，中国国家审计署发布了针对 20 户中央企业 2015 年
度财务收支情况的审计结果公告。公告显示，一些中央企业的海外
投资项目亏损严重，其中不乏因违规决策、决策失误或管理不善等
所导致的亏损。（参见表 6-5）

表6-5 部分中国央企境外项目亏损或潜在亏损情况

企业名称	亏损或潜在亏损
中国华能集团公司	2011 年 4 月至 2013 年 6 月，经华能集团集体决策，所属境外企业以 103.27 亿元实施的收购项目，因电力市场需求持续疲软等经营亏损。
东风汽车公司	2000 年至 2010 年，所属东风汽车股份有限公司等 2 家企业对外投资管理不善，造成损失 1 052.45 万元。
	2012 年，东风公司在未完成尽职调查的情况下，违规决策与境外企业签署合作框架协议，后被项目组擅自变更为合资协议，导致公司在退出合作后被对方起诉，造成损失 9 041.81 万元，其中 2015 年 6 825.85 万元。
哈尔滨电气集团公司	2007 年，所属哈电国际在境外项目论证不充分的情况下签订工程总承包合同，项目预计亏损 2.15 亿元。
宝钢集团有限公司	2011 年，宝钢集团批准所属宝钢股份与 1 户企业合资设立钢管境外企业，并购买该合作公司闲置的钢管生产线，所设企业投产仅 2 个月即遭受东道国"反倾销"调查，产能实际利用率较低，至 2015 年底累计亏损 0.5 亿元。
	所属上海宝钢资源有限公司出资 4.06 亿美元（折合人民币 25.47 亿元）参与建设的 1 个境外铁矿项目，未按计划于 2015 年 6 月投产。
中国中化集	2007 年至 2011 年，中化集团投资的 4 个境外项

团公司	目，因对形势判断失误等，累计损失和亏损 36.21 亿元。
中国通用技术（集团）控股有限责任公司	2010 年，通用技术集团在可行性研究论证不充分的情况下，批准所属企业投资 3 亿元对外参股项目，由于相关合作协议未落实等，项目建设 4 个月便终止，形成损失 830.30 万元。
中国建筑材料集团有限公司	至 2016 年底，所属合肥水泥研究设计院在承建境外项目中尽职调查不充分等，造成损失 1.01 亿元。
中国铁路工程总公司	2009 年至 2015 年，所属中铁资源、伊春鹿鸣矿业有限公司等 3 家单位在未履行相关报批、评估等程序以及尽职调查不充分等情况下，投资 67.4 亿元实施的 6 个境内外矿产项目，至 2015 年底亏损 13.63 亿元。
	至 2016 年 10 月，中铁工总公司承揽的 17 个境外施工项目存在前期调查不充分、内部管理缺失等问题，造成损失和亏损 16.29 亿元；至 2016 年 9 月，2 家所属单位未履行内部审批程序实施的 2 个境外项目，累计亏损 1.09 亿元。
中国铁道建筑总公司	2010 年以来，中国铁建有 400 个工程承包项目的合同变更未取得业主批复认可，24.08 亿元资金面临损失风险。
	2010 年以来，中铁建总公司开展的资本运营项目和境外工程项目中，部分项目存在亏损或潜在亏

	损 8.83 亿元，个别项目停工或面临回购风险。
中国电力建设集团有限公司	2010 年，所属水电国际公司未充分考虑国资委和集团投资评委会风险提示，向境外项目投资 8.31 亿元。至 2016 年 11 月累计亏损 2.97 亿元。
	2010 年，所属水电国际公司出资 1 408 万美元投资境外项目 44%的股权，由于对项目风险考虑不足等被迫清算，至 2015 年底亏损 3395.37 万元。
	至 2016 年 6 月，所属水电国际公司低价承建的 1 个境外施工项目已形成亏损 1.87 亿元。
	至 2016 年 11 月，所属水电国际公司等 4 家单位承接的 4 个境外施工项目因前期论证不充分、工程预算漏项等，累计亏损 8.58 亿元，还有 4.73 亿元面临损失风险。
中国铁路物资（集团）总公司	2009 年，中国铁物 1 个境外股权投资项目在处置中多次反复，至 2016 年 6 月公允价值损失 9 285.94 万元。

资料来源： 中国国家审计署审计结果公告（2017 年第 10 号至第 29 号）

据不完全统计，2014 年以来，中国财团已经花费超过 150 亿元用于并购境外的足球俱乐部，即使是常年亏损的俱乐部也成为了中国财团竞购的目标。例如，2014 年 7 月，合力万盛国际体育发展公司以 800 万欧元的价格购买了荷兰海牙俱乐部 100%股权。2015 年 9 月，万达集团以 4 500 万欧元的价格购买了马德里竞技 20%的股权。2016 年 1-8 月，相关案例达到 10 宗，其中涉及金额最大的是中欧体育投资管理长兴有限公司以 5.2 亿欧元的价格购买意大利 AC 米兰俱乐部 99.93%的股权；其次是苏宁以 2.7 亿欧元的价格购买了国际米兰 70%的股权。[51]此外，中国企业对海外酒店、影视以及房地产行业的投资也十分活跃，许多大额并购交易都发生在这些领域。（参见表 6-6）

表 6-6 中国企业对海外酒店、影视、房地产业的部分并购交易

年份	并购企业	标的企业	标的国家	交易金额（百万美元）
酒店业				
2017	海航集团	希尔顿全球控股	美国	6 497
2016	中国人寿	喜达屋 280 家酒店	美国	2 000
2015	安邦集团	纽约华尔道夫酒店	美国	1 950
2015	锦江国际	法国卢浮酒店集团	法国	1 591
2015	复星国际	地中海俱乐部	法国	1 066
影视业				
2016	万达集团	传奇影业	美国	3 500
2012	万达集团	AMC 娱乐公司	美国	2 640
2016	万达集团	卡麦影业	美国	1 220
2016	万达集团	Odeon & UCI 院	英国	1 191

---

[51] http://news.ynet.com/2017/07/20/299081t70.html

		线		
2014	万达集团	Hoyts 院线	澳大利亚	730
房地产				
2016	安邦保险	Strategic 酒店	美国	5 500
2015	中投公司	Investa 地产集团	澳大利亚	1 785
2016	恒大地产	万通大厦	中国香港	1 606
2015	中投公司	10 家购物中心	法国/比利时	1 441
2017	中渝置地	伦敦兰特荷大厦	英国	1 420
2013	SOHO 中国牵头的中资财团	通用汽车大厦	美国	1 400
2016	光大集团	大新金融中心	中国香港	1 287
2014	中投公司	Chiswick Park 办公楼	英国	1 249

资料来源： http://www.eeo.com.cn/2017/0823/311205.shtml

　　自 2016 年底，中国政府开始加强对企业海外投资的监管力度，以抑制潜在的非理性投资和资产转移。2016 年 12 月，国家发改委、商务部、中国人民银行、国家外管局四部门负责人在答记者问时表示，将密切关注近期在房地产、酒店、影城、娱乐业、体育俱乐部等领域出现的"非理性对外投资"的倾向以及"大额非主业投资"、"有限合伙企业对外投资"、"母小子大"、"快设快出"等类型对外投资中存在的风险隐患，并建议有关企业审慎决策。

国家外管局表示，将对四类境外投资异常行为予以重点关注：一是部分成立不足数月的企业，在无任何实体经营的情况下即开展境外投资活动；二是部分企业境外投资规模远大于境内母公司注册资本，企业财务报表反映的经营状况难以支撑其境外投资的规模；三是个别企业境外投资项目与境内母公司主营业务相去甚远，不存在任何相关性；四是个别企业投资人民币来源异常，涉嫌为个人向境外非法转移资产和地下钱庄非法经营。

2017 年上半年，中国对外直接投资出现了明显的下降。商务部数据显示，2017 年 1-7 月，中国境内投资者共对全球 148 个国家和地区的 4 411 家境外企业进行了非金融类直接投资，累计实现投资 3 920.5 亿元人民币，同比下降 41.8%（折合 572 亿美元，同比下降 44.3%）。其中，房地产业，文化、体育和娱乐业对外投资同比分别下降 81.2%和 79.1%，仅占同期对外投资总额的 2%和 1%。52

2017 年 6 月，财政部发布了《国有企业境外投资财务管理办法》，旨在解决部分国有企业在境外投资财务管理中存在的突出问题：一是事前决策随意，可行性论证流于形式。二是事中管理薄弱，财务风险管控不力。三是事后监管缺位，对有关决策和执行主体约束不力。

2017 年 8 月，国家发改委、商务部、中国人民银行和外交部联合发布《关于进一步引导和规范境外投资方向的指导意见》，提出了鼓励、限制和禁止开展的境外投资活动。除敏感类投资外，房地产、酒店、影城、娱乐业、体育俱乐部等境外投资，在境外设立

---

52 http://www.mofcom.gov.cn/article/ae/ag/201708/20170802627088.shtml

无具体实业项目的股权投资基金或投资平台，使用不符合投资目的国技术标准要求的落后生产设备开展境外投资，不符合投资目的国环保、能耗、安全标准的境外投资均被列入限制类境外投资清单。

中国对美国的投资

荣鼎集团的中国投资监测（China Investment Monitor，CIM）[53]统计数据显示，在全球金融危机爆发以前，中国企业对美国的直接投资一直保持在较低的水平，唯一的例外是 2005 年中国联想集团投资 17.5 亿美元收购美国 IBM 公司的个人电脑业务，从而将当年的投资流量拉高到 20 亿美元的规模。2010 年，中国企业对美国直接投资跃升至 46 亿美元，并在此后呈现出快速增长的趋势。2016 年，中国企业对美国的直接投资流量高达 456 亿美元，是上一年度的 3 倍，并接近 2010 年投资规模的 10 倍。其间，中国双汇国际 2013 年斥资 71 亿美元收购美国史密斯菲尔德食品公司是中国企业迄今在美国实施的最大规模的收购项目。2000-2016 年间，中国企业对美国的直接投资累计达到 1 360 项，投资金额共计 1 095 亿美元。（参见图 6-8）

---

[53]

CIM数据库仅统计中国企业在美国实施的直接投资项目，而不包括证券组合投资或反向收购。投资金额均为已完成交易额，且纳入统计的投资项目均不低于50万美元。

图6-8 2000-2016 年中国对美国直接投资金额

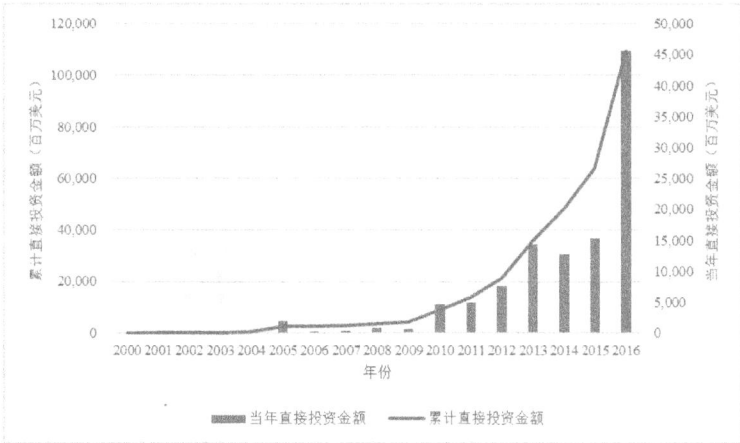

资料来源：Rhodium Group. China Investment Monitor. http://rhg.com/interactive/china-investment-monitor

　　近年来，中国企业对美国投资的行业分布发生了显著的变化。2013 年以前，中国企业对美国的投资主要集中在能源行业，而如今更多地流向了服务业和高端制造业，对房地产与酒店业、信息与通信技术业、娱乐业、运输与基础设施行业、消费品与服务业、金融与商业服务业、电子行业等多个领域的投资均出现了明显的增加。（参见图 6-9，图 6-10）

图6-9 2000-2016年中国对美国直接投资流量行业分布

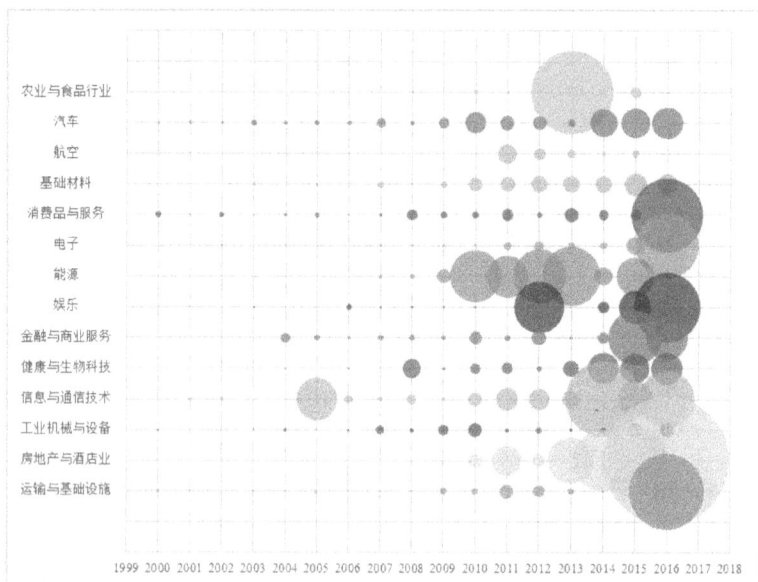

资 料 来 源 ： Rhodium Group. China Investment Monitor. http://rhg.com/interactive/china-investment-monitor

图6-10 2000-2016 年中国对美国累计直接投资行业分布

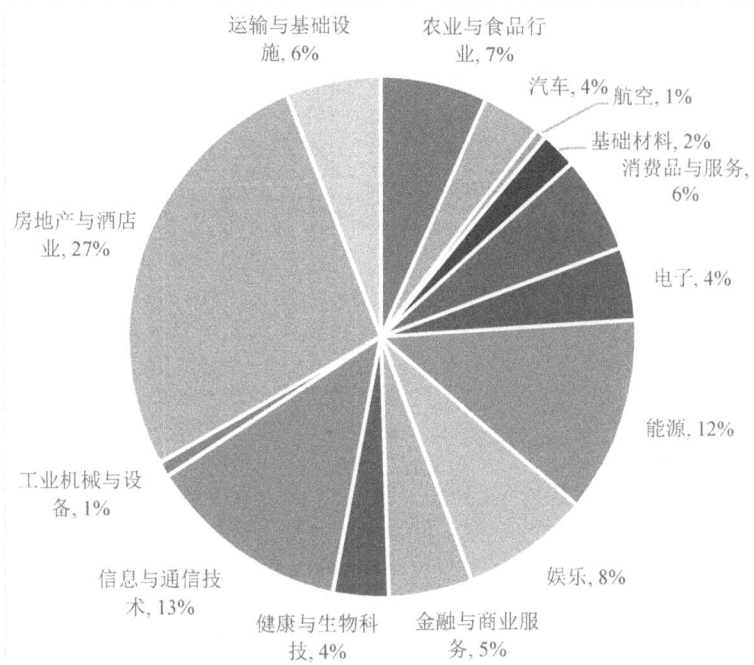

运输与基础设施, 6%
农业与食品行业, 7%
汽车, 4%
航空, 1%
基础材料, 2%
消费品与服务, 6%
电子, 4%
能源, 12%
娱乐, 8%
金融与商业服务, 5%
健康与生物科技, 4%
信息与通信技术, 13%
工业机械与设备, 1%
房地产与酒店业, 27%

资 料 来 源：Rhodium Group. China Investment Monitor. http://rhg.com/interactive/china-investment-monitor

　　按企业类型划分，中国民营企业已成为对美国投资的主要力量。从投资项目数量来看，自 2004 年起，中国民营企业的投资项目数量开始超越国有企业，并持续保持领先；从投资金额来看，中国民营企业在近五年的投资金额均高于国有企业，且二者的差距在不断扩大。（参见图 6-11）

图6-11 中国对美国直接投资项目数量与金额（按企业类型）

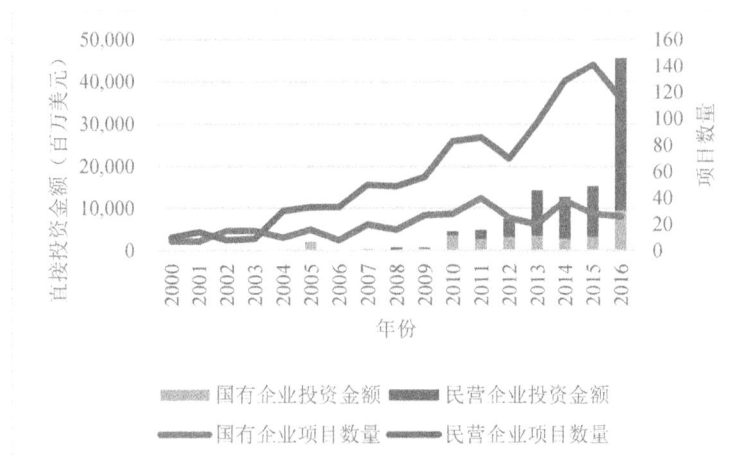

资 料 来 源 ：Rhodium Group. China Investment Monitor. http://rhg.com/interactive/china-investment-monitor

　　按投资方式划分，中国企业在 2014 年以前主要通过绿地项目对美进行投资，而近三年则更加倾向于采取跨国并购的方式快速进入美国市场，2014-2016 年间在美国实施的并购项目数量超过了此前 14 年累计并购项目的总和。2000-2016 年，中国企业通过并购方式实现的对美投资金额占比超过了 90%。胡润百富和易界共同发布的《2017 中国企业跨境并购特别报告》显示，按并购交易的数量计算，2016 年，美国已成为中国企业海外并购的首要目的国。（参见图6-12，表6-7）

图6-12 中国对美国直接投资项目数量与金额（按投资方式）

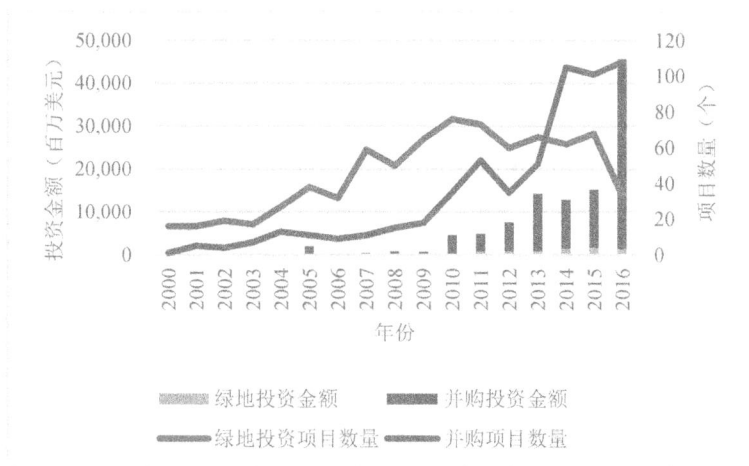

资　料　来　源：Rhodium　Group.　China　Investment　Monitor. http://rhg.com/interactive/china-investment-monitor

表6-7 2016年中国对美国十大并购交易

收购方	收购对象	交易金额（百万美元）	行业
渤海金控	CIT集团飞机租赁资产	9 995	金融
安邦保险集团	Strategic酒店	6 500	不动产
海航旅游	希尔顿全球部分股权	6 496	文教娱乐
天津天海	英迈国际	6 009	电信、媒体和科技
海尔集团	通用电气家电业务	5 400	消费品

万达集团	传奇影业	3 500	文教娱乐
珠海艾派克等	利盟国际	3 440	电信、媒体和科技
泛海控股集团	Genworth 金融集团	2 700	金融
中国忠旺集团	爱励铝业公司	2 330	工业制造
潍柴动力	DH Services Luxembourg	2 100	交通运输

资料来源：2017 中国企业跨境并购特别报告

值得注意的是，近年来，美国外国投资委员会（CFIUS）对外国投资者并购美国企业的审查愈发频繁。CFIUS 是一个跨部门行政机构，其主要职能是审查能够让外国投资者获得对美国企业控制权的并购交易（"受管辖交易"），并评估其对美国国家安全的影响。CFIUS 发布的报告显示，遭遇 CFIUS 审查的涉华并购项目数量整体呈现上升趋势。2012-2014 年，中国连续 3 年位居 CFIUS 调查对象国首位。不仅如此，美中经济与安全审查委员会（USCC）在 2016 年致国会的报告中建议美国国会修改法案，授权 CFIUS 禁止中国国有企业收购或以其他方式获得对美国企业的有效控制权。USCC 担心，中国国有企业会通过并购获取美国的技术、情报和市场力量，进而影响美国的国家安全。华尔街日报引述知情人士报道称，美国加大了与中国有关的并购交易的审查力度，导致多起交易前景成疑，并造成了案件积压。[54]（参见图 6-13，表 6-8）

---

[54] http://finance.ifeng.com/a/20170722/15544724_0.shtml

图6-13 2005-2014 年遭 CFIUS 审查的中国企业并购项目数量

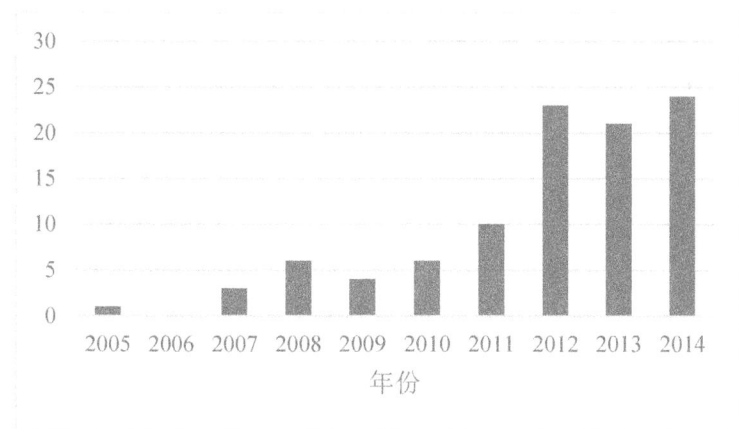

资料来源：CFIUS 向国会递交的年度报告．https://www.treasury.gov/resource-center/international/foreign-investment/Pages/cfius-reports.aspx

表6-8 2012-2014 年遭遇美国 CFIUS 审查的并购项目分布

国家/经济体	制造业	金融与信息服务业	采矿、公共事业和建筑业	批发、零售和运输业	合计
中国	33	13	19	3	68
英国	20	16	5	4	45
加拿大	4	6	20	10	40
日本	18	10	5	4	37
法国	12	6	0	3	21
德国	10	7	0	0	17
荷兰	4	9	2	0	15
瑞士	13	2	0	0	15

新加坡	2	3	3	3	11
以色列	8	2	0	0	10
西班牙	4	4	2	0	10
中国香港	5	4	0	0	9
澳大利亚	0	3	3	1	7
印度	3	4	0	0	7
瑞典	3	3	0	0	6
韩国	2	2	1	0	5

注： 仅包含 2012-2014 年合计遭遇 CFIUS 审查至少 5 次的国家。
资料来源： CFIUS 向国会递交的年度报告 2014

　　CFIUS 审查遵循企业自愿申报的原则，但事实上 CFIUS 有权自行启动审查程序。一般而言，CFIUS 审查包括非正式咨询阶段、初步审查阶段以及全面调查阶段，在极少数情况下会进入总统裁决阶段。具体而言，企业在接受正式审查前，可以通过非正规申请向 CFIUS 进行咨询。CFIUS 通常会在收到申报后的 30 天内对有关交易开展初步审查，在此期间，CFIUS 与并购方可能会就涉及美国国家安全的相关事宜达成协议或采取减缓措施。若 CFIUS 认为并购项目有可能对美国国家安全产生威胁，则将进一步开展为期 45 天的全面调查。若 CFIUS 认定该项交易会威胁到美国的国家安全且此威胁在审查前或审查中未得到减缓，则可交由美国总统决定是否对该项交易予以批准。一般而言，总统会在接到 CFIUS 报告之后的 15 天内，对可能威胁美国国家安全的并购交易提出暂缓或禁止的要求。虽然 CFIUS 以并购交易对美国国家安全的影响作为主要审查标准，但由于美国相关法律并未对"国家安全"进行明确地界定，所以 CFIUS 在实际审查过程中享有较大的自由裁量权。

近两年，随着中国企业在美并购的持续升温，CFIUS 的审查力度也有所加大，导致诸多并购项目终止。例如，金沙江创投领衔的中资财团拟以 33.0 亿美元收购飞利浦旗下的 LED 生产商 Lumileds；清华紫光拟以 230.0 亿美元收购美光科技公司（Micron Technology）、以 37.8 亿美元收购西部数据公司（Western Digital）15% 的股权，华润/华创领衔的中资财团拟以 24.6 亿美元收购仙童（Fairchild Semiconductor）半导体公司，三安光电拟以 2.3 亿美元收购全球通讯半导体公司（Global Communication Semiconductors）等项目均因 CFIUS 的介入而相继流产。

中国对欧盟的投资

德国墨卡托中国研究中心（Mercator Institute for China Studies，MERICS）和荣鼎集团（RHG）联合发布的报告显示，中国企业对欧盟国家的直接投资在近三年出现了大规模的增长。其中，2016 年的投资金额高达 350 亿欧元（约合 78 亿美元），同比增长 77%。中国民营企业的投资活动尤其活跃，投资流量占比出现大幅提升，达到 74%，打破了此前多年由国有企业主导的格局。相形之下，欧盟国家企业的对华投资额连续 4 年出现下滑，其中 2016 年的投资额仅为 80 亿欧元，不及中国对欧盟直接投资的四分之一。（参见图 6-14，图 6-15）

图 6-14 2000-2016 年中国与欧盟双向直接投资金额

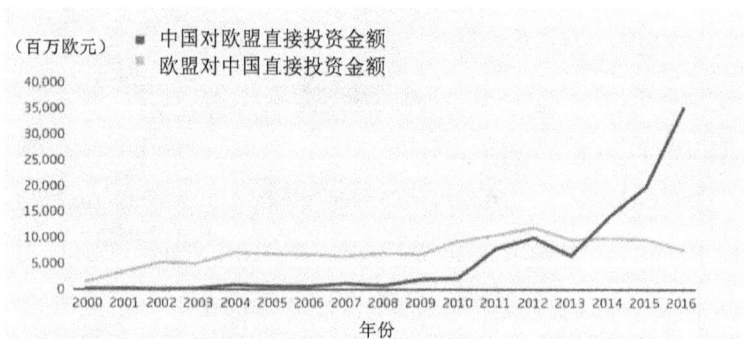

资料来源：RHG & MERICS. Chinese Investment in Europe: Record Flows and Growing Imbalances. https://www.merics.org/en/merics-analysis/papers-on-china/cofdi/cofdi2017/

图 6-15 2000-2015 年中国对欧盟直接投资分布（按企业类型）

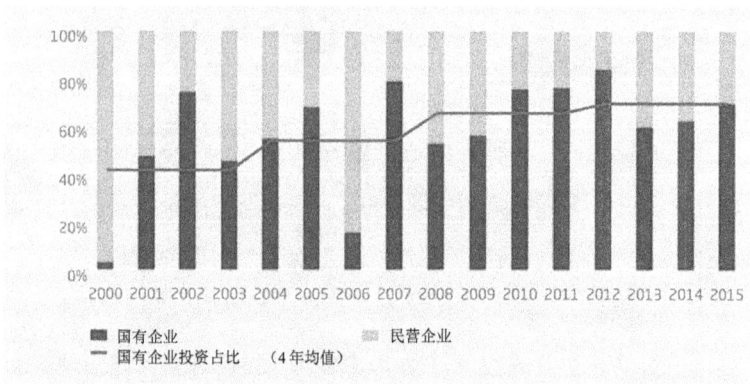

资料来源：RHG & MERICS. A New Record Year for Chinese Outbound Investment in Europe. https://www.merics.org/en/merics-analysis/papers-on-china/cofdi/a-new-record-year-for-chinese-outbound-investment-in-europe/

中国企业对欧盟的投资呈现多元化的发展趋势。2016 年，中国企业对欧盟的投资主要集中于高端制造和服务业，相关领域的大额并购项目频现，反映出企业想要获取技术、品牌和战略性资产的投资动因。同此前 3 年的投资相比，中国企业对高端制造业的投资规模和增长速度始终保持在较高的水平，对信息与通信技术、能源、公共事业、运输与基础设施以及娱乐业的投资保持着较快的增长速度，对房地产业的投资增速则出现了大幅下降。（参见表 6-9，图 6-16，图 6-17）

表 6-9 2016 年中国企业在欧盟实施的主要并购项目

收购方	收购对象	交易金额（亿欧元）	行业	国家
腾讯	Supercell	67	游戏	芬兰
美的	Kuka	44	机器人	德国
中资财团	Global Switch	28	电信	英国
海航	Avolon	23	航空	爱尔兰
携程	Skyscanner	17	旅游	英国
北京控股	EEW Energy	14	能源	德国
山东如意	SMCP Group	13	时尚	法国
万达	Odeon & UCI	11	娱乐	英国

资料来源： http://www.ftchinese.com/story/001070946

图6-16 2000-2015 年中国对欧盟直接投资行业分布

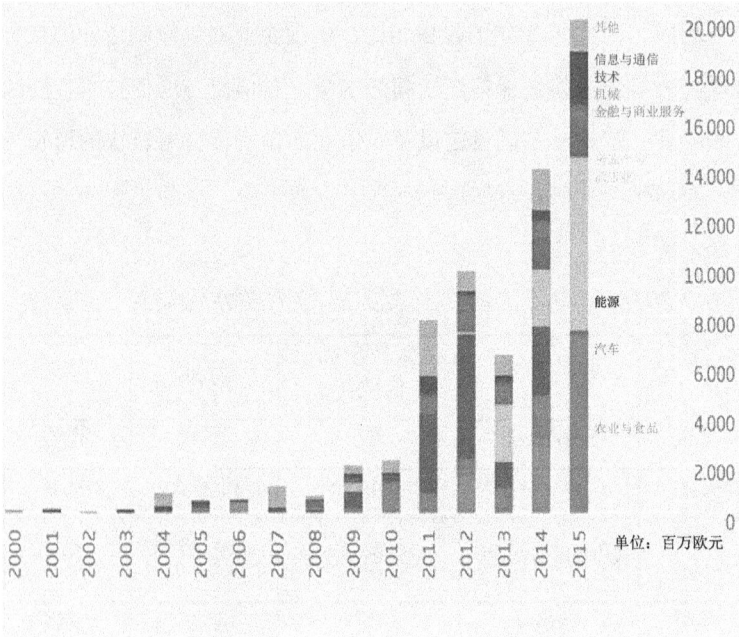

资料来源：RHG & MERICS. A New Record Year for Chinese Outbound Investment in Europe. https://www.merics.org/en/merics-analysis/papers-on-china/cofdi/a-new-record-year-for-chinese-outbound-investment-in-europe/

图6-17 2016 年中国企业对欧盟直接投资行业分布变化

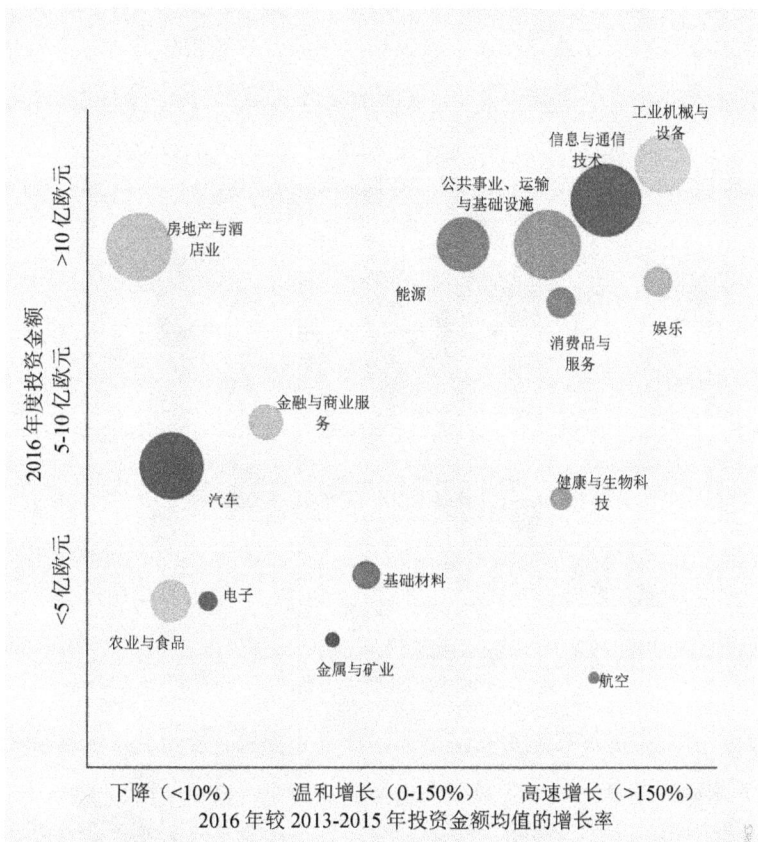

资料来源：RHG & MERICS. Chinese investment in Europe: record flows and growing imbalances. https://www.merics.org/en/merics-analysis/papers-on-china/cofdi/cofdi2017/

2016 年，中国企业在欧盟地区的投资主要流向法国、德国和英国，三者合计占比接近六成。其中，德国是中国企业对欧盟直接投资的首要目的国，投资金额高达 110 亿欧元，占比 31%。而当年德国企业在中国的投资金额不足 40 亿欧元，这也是中国对德投资首次超过德国对华投资。受腾讯集团收购芬兰公司 supercell 和海航集团收购爱尔兰 Avolon 的影响，中国企业对北欧国家的投资金额占比也出现了大幅提升。（参见图 6-18，图 6-19，图 6-20）

图 6-18 2008-2016 年中国对欧盟国家的投资金额占比

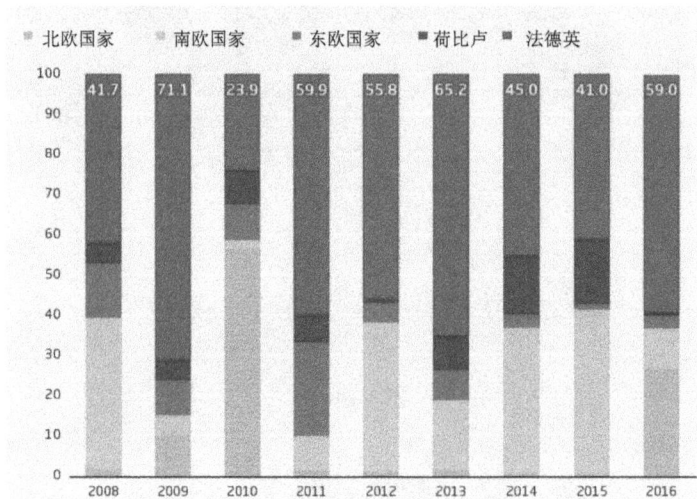

注："北欧国家"包括爱沙尼亚、丹麦、芬兰、爱尔兰、拉脱维亚、立陶宛、瑞典；"南欧国家"包括克罗地亚、塞浦路斯、希腊、意大利、马耳他、葡萄牙、斯洛文尼亚、西班牙；"东欧"包括奥地利、保加利亚、捷克、匈牙利、波兰、罗马尼亚、斯洛伐克。

资料来源： RHG & MERICS. Chinese Investment in Europe: Record Flows and Growing Imbalances. https://www.merics.org/en/merics-analysis/papers-on-china/cofdi/cofdi2017/

图6-19 2000-2016 年中国与德国双向直接投资金额

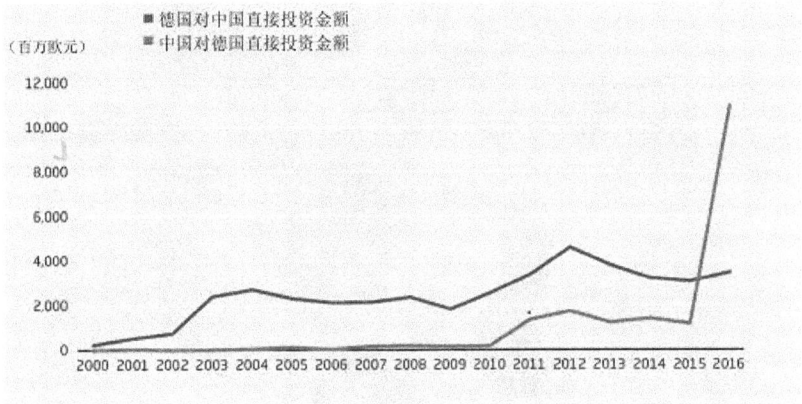

资料来源：RHG & MERICS. Chinese Investment in Europe: Record Flows and Growing Imbalances. https://www.merics.org/en/merics-analysis/papers-on-china/cofdi/cofdi2017/

图6-20 2000-2016 年中国对欧盟国家的累计投资金额

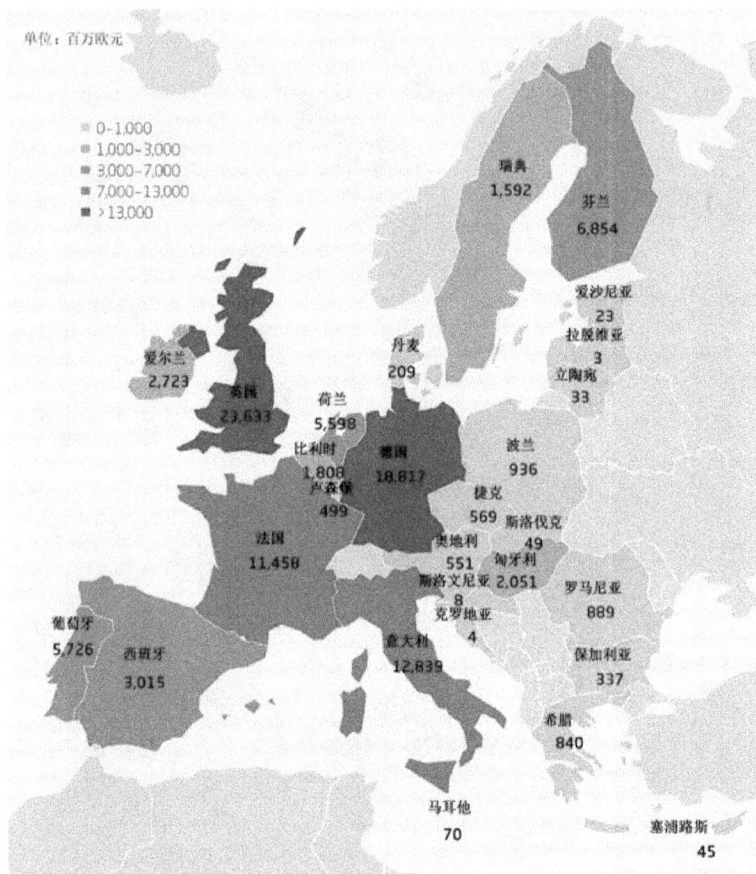

单位：百万欧元

- 0~1,000
- 1,000~3,000
- 3,000~7,000
- 7,000~13,000
- >13,000

瑞典 1,592

芬兰 6,854

爱沙尼亚 23

拉脱维亚 3

立陶宛 33

丹麦 209

爱尔兰 2,723

英国 23,633

荷兰 5,598

比利时 1,808

卢森堡 499

德国 18,817

波兰 936

捷克 569

斯洛伐克 49

法国 11,458

奥地利 551

匈牙利 2,051

罗马尼亚 889

斯洛文尼亚 8

克罗地亚 4

葡萄牙 5,726

西班牙 3,015

意大利 12,839

保加利亚 337

希腊 840

马耳他 70

塞浦路斯 45

资料来源： RHG & MERICS. Chinese Investment in Europe: Record Flows and Growing Imbalances. https://www.merics.org/en/merics-analysis/papers-on-china/cofdi/cofdi2017/

　　然而，中国企业对欧盟直接投资的迅速增长也引发了诸多国家的担忧，一些国家担心中国企业大量收购本国公司将导致核心技术流失，影响本国的竞争环境，甚至威胁到国家安全。2016 年底，德国联邦经济事务和能源部以国家安全审查为由，撤回了对中国福建宏信基金收购德国半导体设备生产商爱思强（Aixtron）的批准，之后又拒绝了中国三安光电收购德国照明设备制造商欧司朗（Osram）旗下部分业务的请求。还有一些中国企业实施的投资项目虽然最终获得批准，但过程却一波三折。例如，中国化工收购意大利轮胎制造商倍耐力（Pirelli）曾引发意大利国内的激烈争论，美的集团收购德国机器人制造商库卡（Kuka）曾多次遭遇德国政府官员的反对，中广核参与英国欣克利角核电项目因涉及安全问题被数次推迟。

目前，德国已经率先采取措施，成为第一个收紧外资收购政策的欧盟成员国。2017 年 7 月，德国联邦经济事务和能源部宣布，政府内阁已通过新的外贸法规，将加强对非欧盟国家收购德国企业的审查。该部门表示，德国正与意大利和法国政府一道，推动欧盟法律做出类似修改。[55]

根据新规，如果非欧盟国家企业收购德国企业涉及"关键基础设施"领域的运营且超过 25%的股权，那么德国联邦经济和能源部可以维护公共秩序或安全为由，对此类收购进行审查，并有权否决相关交易或对其提出限制条件。新规将审查期限从原来的两个月延长至四个月，将审查范围扩大至从事"关键基础设施"领域的企业，为其提供软件的企业，涉及通讯、云计算服务、远程信息处理的企业等。其中，新规中列明的"关键基础

---

[55] http://www.bmwi.de/Redaktion/EN/Pressemitteilungen/2017/20170712-zypries-besserer-schutz-bei-firmenuebernahmen.html

设施"涵盖能源、信息技术、交通运输、医疗、供水、营养、金融与保险等领域。[56]

中国对澳大利亚的投资

根据毕马威公司（KPMG）与悉尼大学联合发布的《揭秘中国企业在澳投资报告》，自 2014 年起，中国对澳大利亚的直接投资呈现出持续增长的趋势。2016 年，中国企业在澳大利亚的投资金额较上一年增长了 11.7%，达到 153.6 亿澳元（约合 114.9 亿美元），仅次于 2008 年的投资峰值。自 2007 年以来，澳大利亚累计获得了近 900 亿美元的中国对外直接投资，在中国各个主要投资目的国中位列第二，仅次于美国。（参见图 6-21，表 6-10）

图 6-21 2007-2016 年中国对澳大利亚直接投资流量

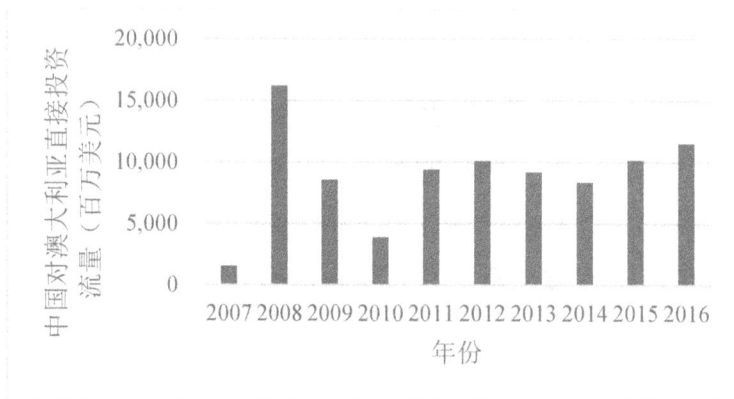

资料来源：毕马威公司，悉尼大学. 揭秘中国企业在澳投资报告（2017 年 5 月版）. http://www.demystifyingchina.com.au/

---

[56] https://www.whitecase.com/publications/alert/german-government-tightens-rules-german-investment-control-covering-ma

表6-10 2016年中国企业在澳大利亚投资的主要项目

标的公司	投资主体	所属行业	交易金额（百万澳币）
Asciano Ltd	中投资本牵头的财团	制造业	2 400
Port of Melbourne（墨尔本港）	未来基金、昆士兰投资公司、中投资本等组成的财团	基础设施	1 940
Santos Ltd	新奥能源	能源（天然气和石油）	990
W Hotel & Ribbon Residences, Darling Harbour	武汉正堂置业	商业房地产	700
Homebush City Garden, Lidcombe	云南城投	商业房地产	660
Kwinana Lithium Plant	成都天齐锂业	矿业	400
Genesis Care	华润控股和麦格理集团	医疗健康	383

资料来源： 毕马威公司，悉尼大学. 揭秘中国企业在澳投资报告（2017年5月版）. http://www.demystifyingchina.com.au/

就行业分布而言，商业地产已连续 3 年成为中国企业在澳大利亚投资的首要行业，在 2016 年中国对澳投资流量中的占比达到 36%。然而，地产投资的性质较此前发生了显著的变化。2016 年，住宅开发项目占到地产交易金额的 51%，而在 2015 年，主导地产交易的是对写字楼的投资，住宅开发投资占比仅为 27%。此外，中国企业在基础设施和农业领域的投资均创下历史新高。其中，中国企业对基础设施行业的投资金额达到 43.4 亿澳元，这主要得益于对澳大利亚铁路港口服务运营商 Asciano 和墨尔本港的两大收购交易。由于中国消费者对高品质食品的需求快速增长，中国企业 2016 年对澳大利亚农业的投资超过了 12 亿澳元，与 2015 年相比翻了 3 倍，投资主要集中在奶制品、肉类、海产品和酒类。此外，中国企业对澳医疗和能源行业的投资也占有较大的份额，分别达到 9%和 8%。（参见图 6-22，图 6-23）

图 6-22 2016 年中国对澳大利亚直接投资流量行业分布

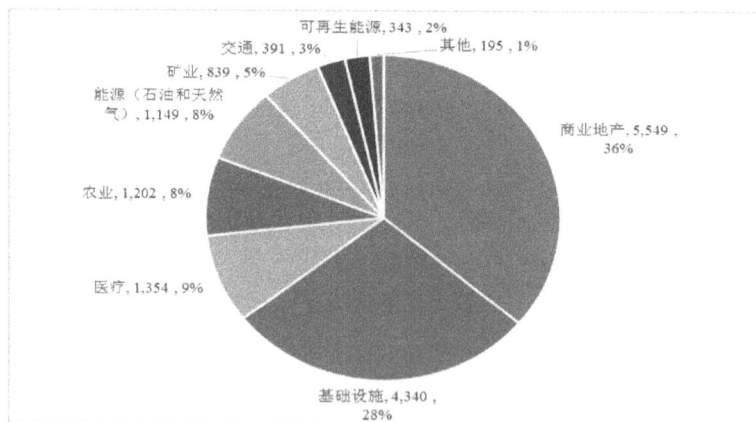

资料来源：毕马威公司，悉尼大学. 揭秘中国企业在澳投资报告（2017 年 5 月版）. http://www.demystifyingchina.com.au/

图 6-23 2015-2016 年中国对澳大利亚房地产行业的投资构成

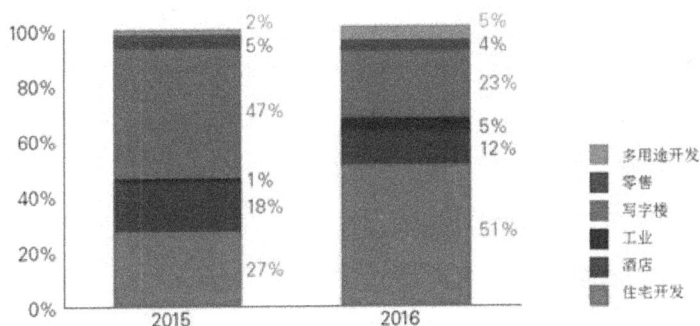

多用途开发
零售
写字楼
工业
酒店
住宅开发

资料来源：毕马威公司，悉尼大学．揭秘中国企业在澳投资报告（2017 年 5 月版）．http://www.demystifyingchina.com.au/

2016 年是中国企业对澳投资交易数量最多的一年，同时也是中国民营企业对澳投资项目数量最多的一年。2016 年，中国民营企业共实施了 78 项投资，金额合计约 76 亿澳元，项目数量占比达到 76%，投资金额也与国有企业相差甚微。商业地产、农业和医疗是民营企业投资最为活跃的领域。（参见表 6-11）

表 6-11 2016 年中国对澳大利亚直接投资项目数量与金额

	投资金额（百万澳元）	占比（%）	项目数量	占比（%）
国有企业	7 778	51	25	24
民营企业	7 584	49	78	76
合计	15 362	100	103	100

资料来源：毕马威公司，悉尼大学．揭秘中国企业在澳投资报告（2017 年 5 月版）．http://www.demystifyingchina.com.au/

澳大利亚外国投资审查委员会（FIRB）发布的年度报告显示，中国已经连续 3 年成为澳大利亚最大的投资来源国，无论是投资金额还是项目数量皆占据首位。虽然澳大利亚州政府和产业界普遍对中国投资者表示欢迎，但是中国企业对澳大利亚地产、基础设施和能源的巨额投资也引发了澳大利亚联邦政府的担忧。

2015 年，中国民营企业岚桥集团斥资 5.06 亿澳元买下了澳大利亚达尔文港运营公司并获得了 99 年的土地租约。由于该地有一处供美国海军陆战队使用的军事基地，美国前总统巴拉克•奥巴马曾就此交易直接向澳大利亚总理马尔科姆•特恩布尔表达了美方的担忧。当地智库澳大利亚战略政策研究所宣称岚桥集团与中国军方和共产党之间存在某种联系，并对该公司的财务实力提出了质疑。[57] 2016 年，大康牧业和中房置业拟以 3.7 亿澳元收购澳大利亚畜牧业公司 Kidman 的交易遭到了 FIRB 的否决，中国国家电网拟以 100 亿澳元收购澳洲电网公司 Ausgrid 的交易则直接被澳大利亚财政部长叫停。

悉尼科技大学澳中关系研究院发布的一份报告显示，澳大利亚媒体对于中国企业存在 5 种谬见：（1）所有中国企业都由中国政府所控制；（2）中国民营企业都直接或间接地被中国共产党所控制；（3）中国共产党和中国政府"知道他们在做什么"并采取一致行动；（4）中国和中国企业正在接管世界（并抢走了当地人的工作）；（5）中国企业对澳大利亚的投资将对澳大利亚的国家安

---

[57] http://www.ftchinese.com/story/001073512?full=y

全构成威胁。这将不可避免地影响到澳大利亚的政策制定以及当地
公众对中国企业赴澳投资的态度。[58]

2017 年 1 月，澳大利亚联邦政府宣布在司法部下设立关键基
础设施中心，以保护国家关键基础设施免遭间谍活动、蓄意破坏和
政治胁迫。该中心将对关键基础设施开展全面的国家安全评估，并
计划建立关键基础设施资产登记制度，以帮助监管机构评判私有化
或面向海外投资者出售资产是否会引发国家安全问题。目前，该中
心已将电信、电力、水资源和港口设施行业纳入重点监察范围。[59]2
月，澳大利亚政府正式对外发布了一份讨论文件，就该中心如何与
各州及领地政府、产业界、投资者等开展合作征求意见。[60]

中国对非洲的投资

近十余年来，中非合作发展迅速。自 2009 年起，中国超过美
国成为非洲最大的贸易伙伴国。中国商务部的数据显示，2016 年，
中国对非洲的非金融类直接投资流量为 33 亿美元，同比增长 14%，
覆盖建筑业、租赁和商务服务业、采矿业、制造业、批发和零售业
等领域。[61]

---

[58] http://www.australiachinarelations.org/content/myth-busting-chinese-corporations-australia-1

[59] https://www.attorneygeneral.gov.au/Mediareleases/Pages/2017/FirstQuarter/Keeping-australias-critical-infrastructure-secure.aspx

[60] https://www.attorneygeneral.gov.au/Mediareleases/Pages/2017/FirstQuarter/Seeking-views-on-protecting-our-critical-infrastructure.aspx

[61] http://xyf.mofcom.gov.cn/article/date/201702/20170202520441.shtml

　　麦肯锡咨询公司 2017 年发布的一项研究报告[62]指出，中国流向非洲的实际资金总额约比官方数据高出 15%。之所以存在这种差异，是因为官方统计更依赖银行体系的数据，未能涵盖规模较小的企业经常使用的转账方式——"镜象转账（Mirror Transfer）"，也即先在本地向同事或家人的中国帐户当中转入一笔款项，然后由这名中间人在非洲以本地币种向收款人的银行帐户转入同等金额。

　　研究发现，目前在非洲开展经营活动的中国企业数量已超过 1 万家，远高于官方统计结果，其中约 90%属于民营企业。比较而言，国有企业的投资规模很大（特别是在能源和基础设施等行业），而因市场机遇赴非洲投资的民营企业数量极多。总体而言，中国对非投资仍属于市场化行为。（参见图 6-24）

图 6-24 中国在非投资企业的所有制分布

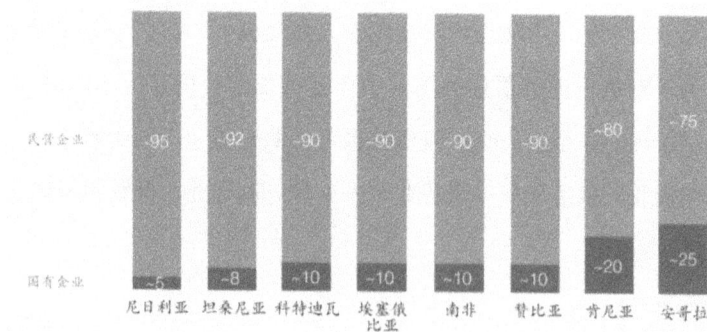

	尼日利亚	坦桑尼亚	科特迪瓦	埃塞俄比亚	南非	赞比亚	肯尼亚	安哥拉
民营企业	~95	~92	~90	~90	~90	~90	~80	~75
国有企业	~5	~8	~10	~10	~10	~10	~20	~25

资料来源：麦肯锡公司. 龙狮共舞：中非经济合作现状如何，未来又将如何发展？

---

[62] 调研涉及安哥拉、埃塞俄比亚、肯尼亚、科特迪瓦、尼日利亚、南非、坦桑尼亚、赞比亚 8 个非洲国家。这 8 个国家的 GDP 合计约占撒哈拉以南非洲国家 GDP 总额的 2/3，从中国接受的投资总额占中国对非洲直接投资总额的一半左右。

　　中国企业在非洲的经营领域十分广泛，其中有近三分之一的企业从事制造业，有四分之一的企业从事服务业，超过五分之一的企业开展各类贸易往来，此外还有大量企业建筑和房地产行业。

　　调研结果显示，近三分之一中国企业 2015 年的利润率超过了 20%，但国有企业和民营企业的盈利状况存在较大的差距。在国有企业中，仅有 17% 的利润率超过 20%，而多达四分之一的企业仍处于亏损状态。相较而言，民营企业的市场触觉极其敏锐，能够快速适应新环境、捕捉新机遇，大多数民营企业在 1 个月内即可做出投资决策，其盈利表现也普遍优于国企。（参见图 6-25，图 6-26）

图 6-25 中国在非企业的盈利状况

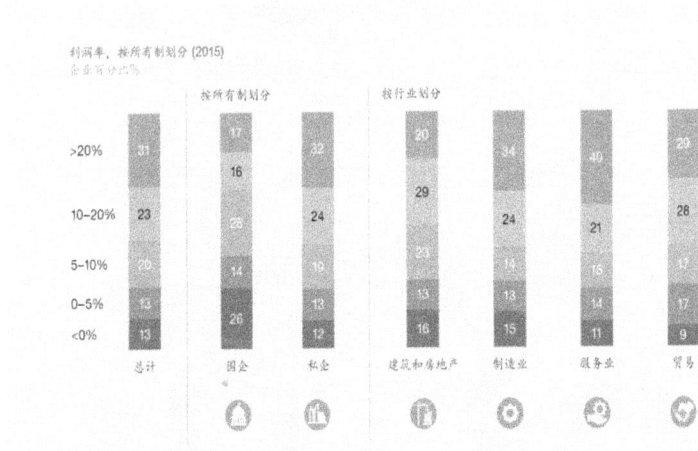

资料来源：麦肯锡公司. 龙狮共舞：中非经济合作现状如何，未来又将如何发展？

图6-26 中国在非企业的投资决策速度

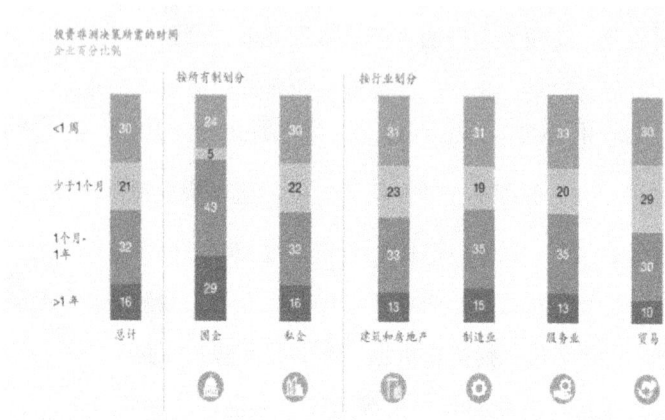

资料来源：麦肯锡公司．龙狮共舞：中非经济合作现状如何，未来又将如何发展？

　　报告表明，无论是中国国有企业还是民营企业，都在非洲雇用了大量的本地员工。在被调研的 1 000 多家中国企业中，有 89%的员工来自非洲本地，有 44%的管理者是非洲人。此外，约三分之二的受访企业表示，他们为非洲本地员工提供了技能培训。（参见图6-27，图 6-28）

图6-27 非洲本地员工在中国在非企业中的比例

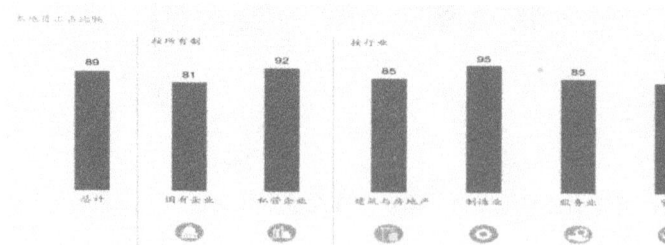

资料来源：麦肯锡公司．龙狮共舞：中非经济合作现状如何，未来又将如何发展？

图6-28 非洲本地管理人员在中国在非企业中的比例

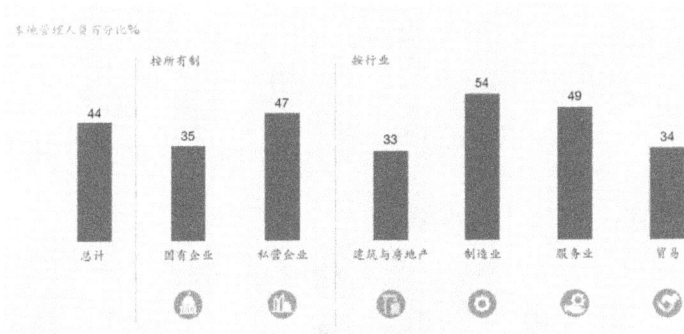

资料来源：麦肯锡公司. 龙狮共舞：中非经济合作现状如何，未来又将如何发展？

在过去的 3 年中，48%的受访企业向非洲推出了新产品或服务，36%的企业为当地引入了新技术。其中，有些企业凭借技术升级和规模效应，将现有产品和服务的价格降低了近 40％。在建筑承包领域，中国企业凭借低成本优势和较快的项目交付速度，占据了非洲国际 EPC（设计、采购、施工总承包）市场约 50%的份额。

在本土化方面，受访企业平均有 47%的采购额来自非洲本地订单（以 2015 年采购额计算）。调查发现，许多中国企业都表示愿意与当地供应商开展合作，只是苦于难以找到价格和质量符合采购标准的合作对象。而来自非洲的受访者也表示，非洲企业需要加大投资，提升自身的能力，以生产出价格合适、质量过硬的产品。（参见图 6-29）

图6-29 中国在非企业的采购本土化水平

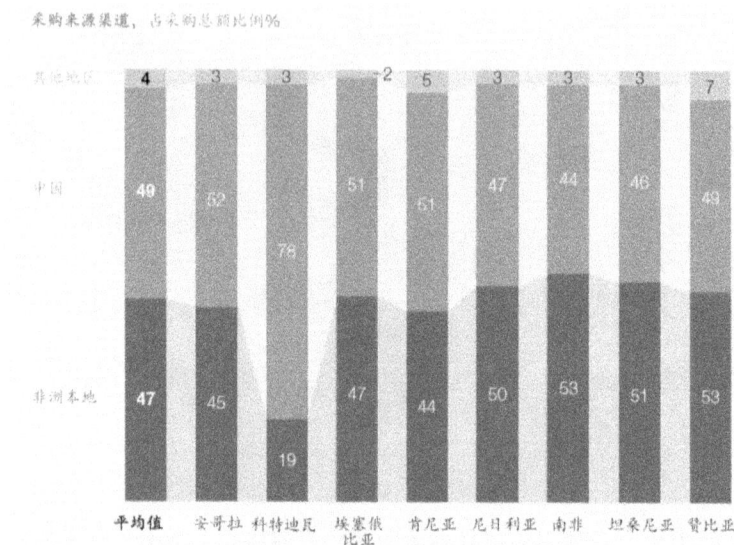

采购来源渠道，占采购的总额比例%

	平均值	安哥拉	科特迪瓦	埃塞俄比亚	肯尼亚	尼日利亚	南非	坦桑尼亚	赞比亚
其他地区	4	3	3	2	5	3	3	3	7
中国	49	52	78	51	51	47	44	46	49
非洲本地	47	45	19	47	44	50	53	51	53

资料来源：麦肯锡公司. 龙狮共舞：中非经济合作现状如何，未来又将如何发展？

　　总体而言，中国企业在非洲的商业活动愈发活跃，为当地的经济发展带来了显著的积极影响，但在非中国企业也存在劳工和环境违规的个例，甚至内部恶性竞争的现象。一项关于肯尼亚境内中资与美资企业的比较研究发现，超过一半的中资企业没有与劳动者签订合同，而美资企业则全部与劳动者签订了合同。[63]有报道显示，2011年初，在南非全国1 058家中资制衣企业中，超过50%的企业因薪酬标准未达到当地法定要求而收到了巨额罚单。[64]此外，在非洲涉及华人参与盗猎和走私包括象牙和犀角在内的濒危野生动植物

---

[63] Rounds, Z., & Huang, H. We Are Not So Different: A Comparative Study of Employment Relations at Chinese and American Firms in Kenya.

[64] http://view.163.com/special/reviews/chinaoverseasinvest0125.html

制品的违法案件时有发生，对中国的国际声誉造成了不良影响。[65]
有报告指出，在同质竞争中，在非中国企业内部恶性竞争现象日益
严重，甚至出现恶意减价、恶意诋毁等情况，通过低报价获得项目
之后却不能履约的情况时有发生。[66]

　　另一方面，随着中国在非洲影响力的增强，如何适应海外的舆
论环境也日益成为中国企业面临的重要挑战。2017 年 6 月 24 日至
7 月 24 日的舆情研究发现，外国媒体对"中国企业在非洲投资"
的正面和中性倾向报道仅占 8.7%，而负面情绪报道达到九成以上。
[67]另有研究发现，非洲当地媒体对中国的批驳集中在 4 个方面：中
国在非洲攫取资源；中国人抢夺当地劳动力市场；中国商品量多质
差；中国企业不遵守当地法规。这一方面与西方媒体所渲染的"新
殖民主义"、"掠夺资源论"、"破坏环境论"、"漠视人权论"
等有关，另一方面也与中国企业的不当行为不无关系。[68]

---

[65] http://www.trafficchina.org/node/262

[66] http://opinion.caixin.com/2016-08-25/100981865.html

[67] http://www.sohu.com/a/160164985_465554

[68] http://www.guancha.cn/ChenXueFei/2015_07_31_328827_s.shtml

第7章

海外公众对中国跨国企业的印象

中国企业大举"走出去",一方面拉动了世界经济的增长,为东道国创造了就业机会和税源,另一方面也招致了资源掠夺、非法雇用、商业贿赂、假冒伪劣、恶性竞争等诸多诟病。其中,有些现象是实际存在的,而有些则源自沟通不足的误解,亦有少数属于大国阴谋论的产物。多项调查研究显示,海外公众普遍认可中国企业为当地经济发展作出的贡献,但是对中国产品的印象大多为价格低廉而质量低劣,同时担心中国企业可能会威胁到当地的生态环境和本土企业的发展。在开展对外投资与合作的过程中,如何实现与诸多利益相关者的互利共赢,在国际社会树立负责任的全球公民形象,已成为中国企业面临的重要课题。

亚太地区

2014 年,中国报道杂志社、中国外文局对外传播研究中心和华通明略公司(Millward Brown)在亚太地区实施了"中国企业海外形象调查"工作,受访者包括美国、韩国、俄罗斯、马来西亚、墨西哥共 5 个国家的 2 544 名当地居民。

调查结果显示，中国企业给海外公众的整体印象仍然不及发达国家的企业。根据受访者对世界五大经济体的企业整体印象评分（满分为 5 分），中国企业的平均得分仅为 2.93 分，与法国企业（3.28 分）、美国企业（3.63 分）、日本企业（3.64 分）和德国企业（3.83 分）存在不同程度的差距。根据不同国家受访者的评价，马来西亚、墨西哥和俄罗斯公众对中国企业的评价相对较高，均达到 3 分以上，而来自发达国家美国与韩国的公众对中国企业的印象较差，评分分别为 2.63 分和 2.39 分。（参见图 7-1）

图 7-1 亚太地区公众对中国企业的总体印象评分

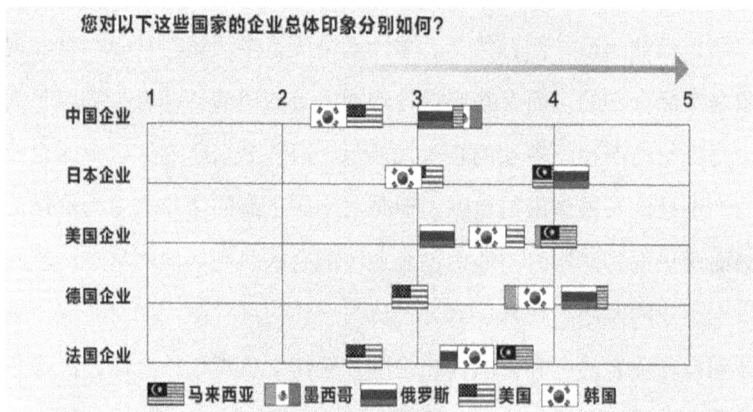

资料来源：中国企业海外形象调查报告（2014 亚太版）

对于中国企业"走出去"，海外公众大多认可中国企业对当地经济的贡献。有 54% 的海外受访者认为中国企业对本国经济做出了一定的贡献，其中有将近 20% 的人认为中国企业做出了很大的贡献。与此同时，有 58% 的受访者认为，中国企业"走出去"对本国经济发展带来的机遇和挑战并存。

　　对于中国企业带来的机遇，海外公众普遍认为，中国企业对本国经济发展的积极作用主要体现在资金投入（53%）和增加就业（49%）方面，而在带来先进技术、创造税收收入、推动产业结构调整升级、改善当地基础设施、培养本地人才、带来先进管理方法等方面的作用并不突出。（参见图7-2）

图7-2 中国企业"走出去"对东道国经济发展的积极影响

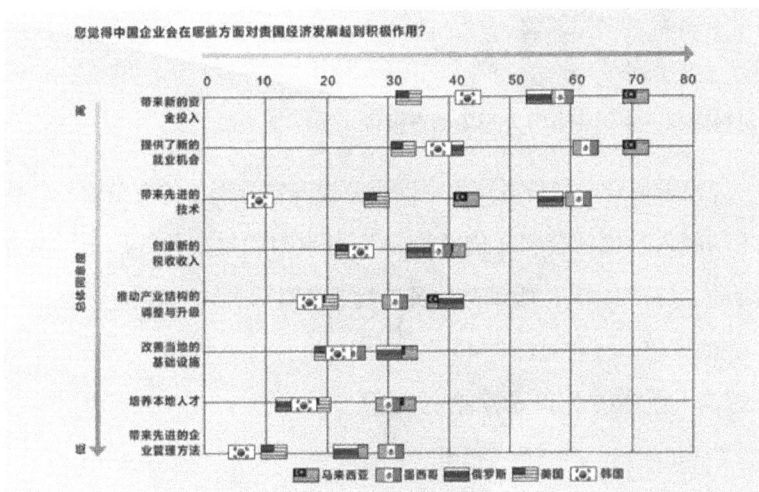

您觉得中国企业会在哪些方面对贵国经济发展起到积极作用？

资料来源：中国企业海外形象调查报告（2014亚太版）

　　对于中国企业带来的挑战，有 54%的受访者担心中国企业会对当地企业的生存发展造成威胁，超过三成的受访者认为中国企业可能会打破当地原有产业链的平衡、破坏当地的生态环境、掠夺当地企业的优势资源。（参见图7-3）

图7-3 中国企业"走出去"对东道国经济的威胁和挑战

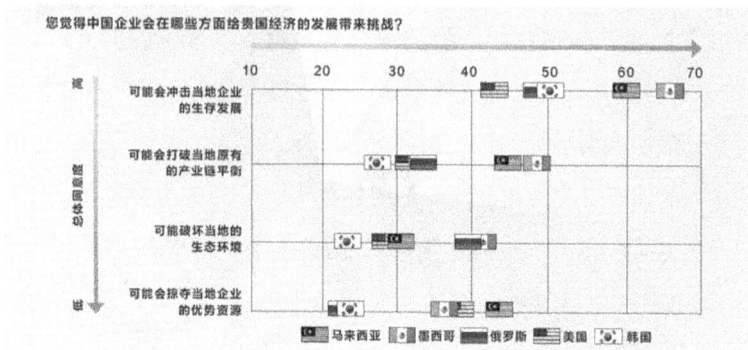

您觉得中国企业会在哪些方面给贵国经济的发展带来挑战？

资料来源：中国企业海外形象调查报告（2014亚太版）

根据调查，受访者认为中国企业提升自身形象的有效途径包括主动融入当地社会和文化（33%），加深对当地文化、历史、消费者的了解（33%），吸纳当地员工就业（31%），参与社区公益活动（30%）等。（参见图7-4）

图7-4 海外中资企业存在的问题

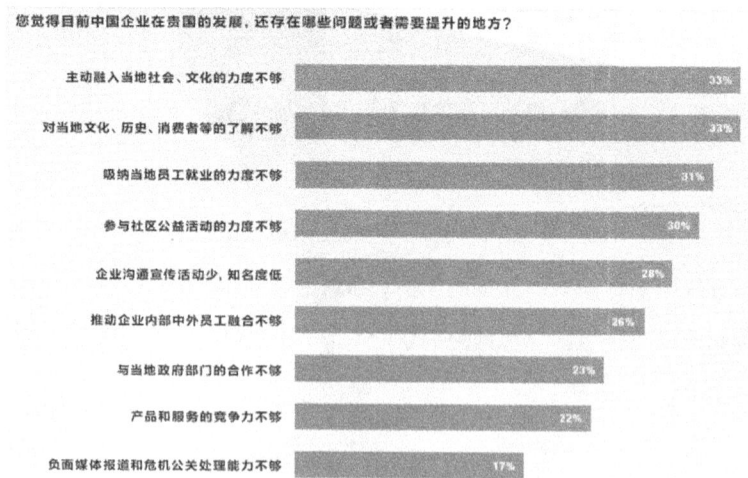

您觉得目前中国企业在贵国的发展，还存在哪些问题或者需要提升的地方？

主动融入当地社会、文化的力度不够	33%
对当地文化、历史、消费者等的了解不够	33%
吸纳当地员工就业的力度不够	31%
参与社区公益活动的力度不够	30%
企业沟通宣传活动少，知名度低	28%
推动企业内部中外员工融合不够	26%
与当地政府部门的合作不够	23%
产品和服务的竞争力不够	22%
负面媒体报道和危机公关处理能力不够	17%

资料来源：中国企业海外形象调查报告（2014亚太版）

对于中国的产品和服务，高达 73%的海外公众给出了价格便宜的评价，超过三成的受访者认为中国的产品和服务具有创新性、科技含量高、功能强大、能够充分满足当地客户的需求。然而，大部分受访者认为中国产品质量不过硬、安全问题多、售后服务欠佳、不够节能环保。此外，在海外公众的印象中，假冒知名品牌是中国产品最突出的问题。（参见图 7-5）

图7-5 海外公众对中国产品的评价

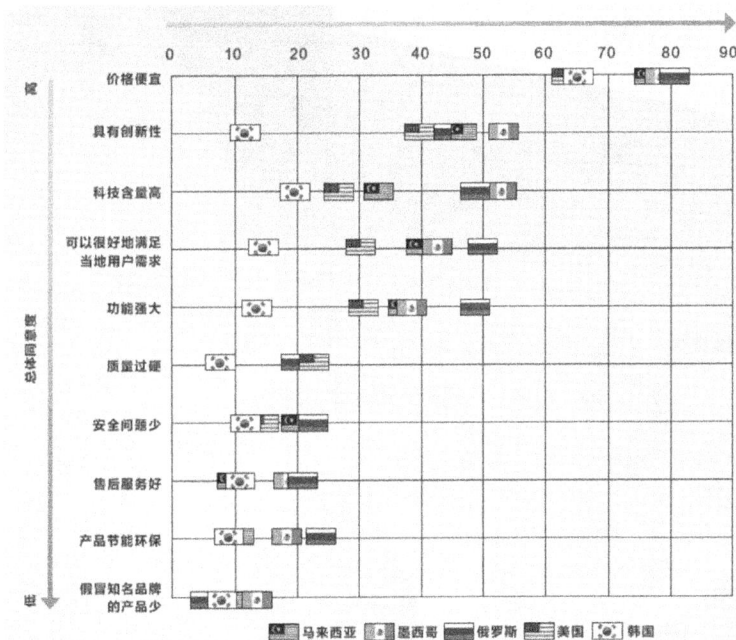

资料来源：中国企业海外形象调查报告（2014 亚太版）

调查发现，互联网已成为海外公众了解中国企业的第一大渠道。在调查覆盖的五个国家中，60%的公众通过互联网接触和了解中国企业的信息（参见图 7-6）。不仅如此，海外公众普遍相信本国媒

体对中国企业的报道。调查显示，超过一半的受访者认为本国媒体
的报道是非常客观或比较客观的（参见图7-7）。

图7-6 海外公众接触和了解中国企业的渠道

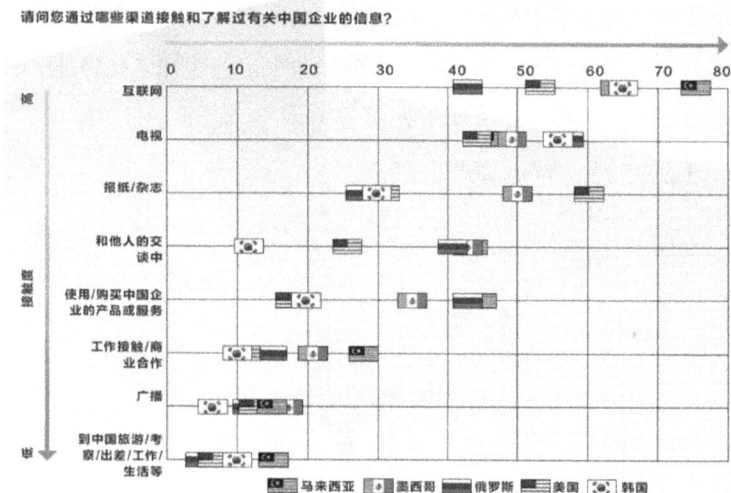

请问您通过哪些渠道接触和了解过有关中国企业的信息？

资料来源：中国企业海外形象调查报告（2014亚太版）

图7-7 海外公众对本国媒体对中国企业报道的信任度

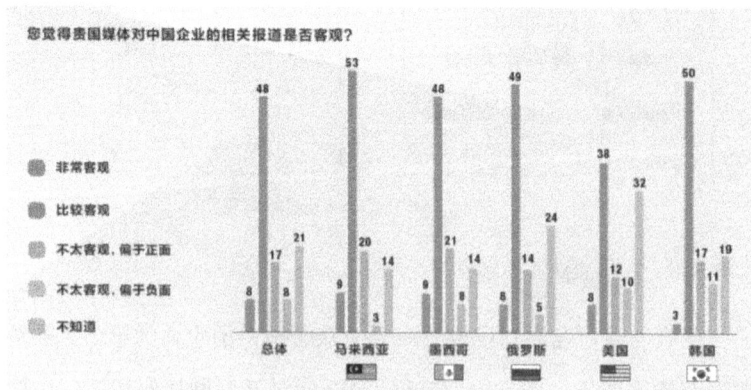

您觉得贵国媒体对中国企业的相关报道是否客观？

资料来源：中国企业海外形象调查报告（2014亚太版）

欧美地区

2014 年，曼彻斯特商学院中国中心、零点国际发展研究院和姚明织带针对"海外中国企业声誉"进行了一项调查研究。调查覆盖美国、法国、英国、德国、意大利、西班牙和荷兰共 7 个欧美地区国家，且受访者均为熟悉和了解海外中国企业的外国人。

根据《2014 海外中国企业声誉报告》，海外中资企业在总括性指标上的得分较高（一般印象 76.52 分、综合魅力 69.94 分、商业伦理 67.53 分），但在除合规性以外的 4 个行动性指标上的得分偏低（公共关系 62.92 分、本地化 60.11 分、社会责任 58.64 分、透明度 57.08 分）。其中，社会责任表现欠佳和透明度不足是海外中资企业亟待解决的问题。（参见图 7-8）

图 7-8 海外中国企业声誉评分

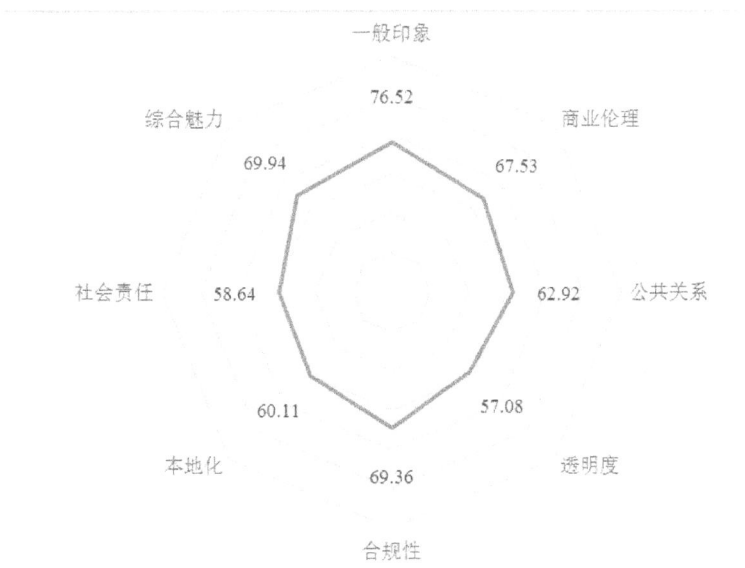

一般印象
76.52
综合魅力　　　　商业伦理
69.94　　　　67.53
社会责任　58.64　　　　62.92　公共关系
60.11　　　57.08
本地化　　　　透明度
69.36
合规性

资料来源：2014 海外中国企业声誉报告

就社会责任而言，海外中资企业在员工待遇和管理效力维度上的得分较高，分别为 66.53 分和 62.99 分；在公平交易、公益捐助和公共事务参与方面的得分中等，分别为 60.00 分、59.59 分和 58.78 分；而在环境责任和产品质量方面得分最低，仅为 53.61 分和 51.43 分。（参见图 7-9）

图 7-9 海外中国企业的社会责任得分

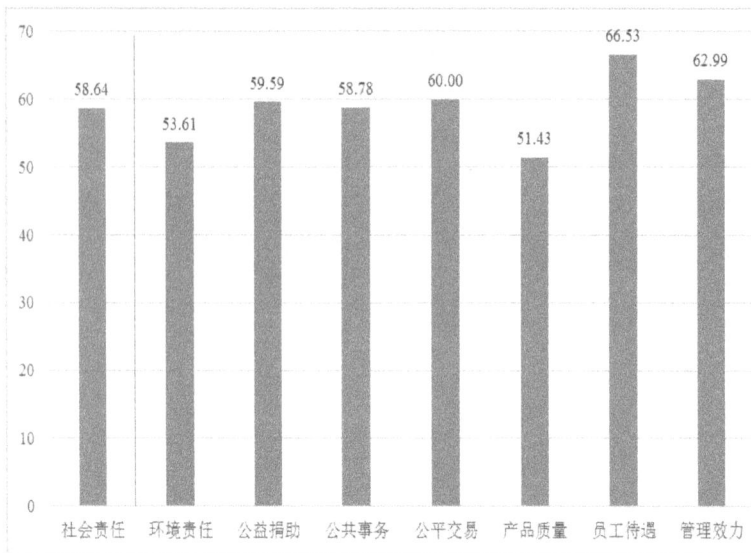

资料来源： 2014 海外中国企业声誉报告

就透明度而言，海外中资企业在自由公开竞争方面的表现相对突出，得分为 59.05 分，但在信息传递的及时频繁和完整细致上仍有待提高，其得分分别为 57.14 分和 55.51 分。（参见图 7-10）

图7-10 海外中国企业的透明度得分

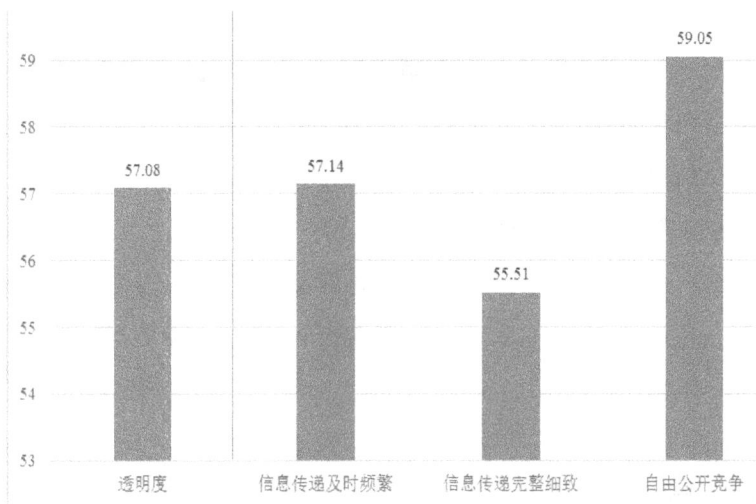

资料来源：2014海外中国企业声誉报告

舆情调查发现，海外媒体对中国企业的报道反映了三方面的担忧：一是担心中国企业与政府之间关系密切，可能导致海外中资企业参与到政治活动甚至间谍活动中；二是担心中国企业管理能力不足，对产品质量把控不严，从而对消费者造成伤害；三是担心中国企业在收购海外知名品牌后会改变这些传统品牌的风格，并对其他的本土品牌造成威胁。

事实上，这些担忧从华为公司多次因"涉嫌威胁国家安全"被拒绝进入美国市场，双汇国际收购美国史密斯菲尔德食品公司引发当地对食品安全问题的忧虑，光明集团收购澳大利亚西斯尔公司、英国联合饼干公司、美国健安喜公司和法国优诺公司屡屡受挫等案例中，可见一斑。

非洲地区

　　民间独立调查机构非洲晴雨表（Afrobarometer）于 2014-2015 年在非洲 36 个国家开展了一项调查。近 54 000 名当地公民参与了此项调查，他们代表了非洲大陆四分之三以上人口的观点。调查结果表明，63%的受访者认为中国对自己的国家产生了积极的影响。此外，非洲公众比较认可中国的发展模式，认为美国和中国的发展模式最值得本国借鉴。就外部影响力而言，受访者认为中国的影响力仅低于前殖民国家。中国对当地基础设施建设和商业发展的贡献被视为在非洲树立正面形象的重要原因，与此同时，产品质量问题则对中国的海外形象产生了负面影响。（参见图 7-11）

图 7-11 中国在非洲的影响力

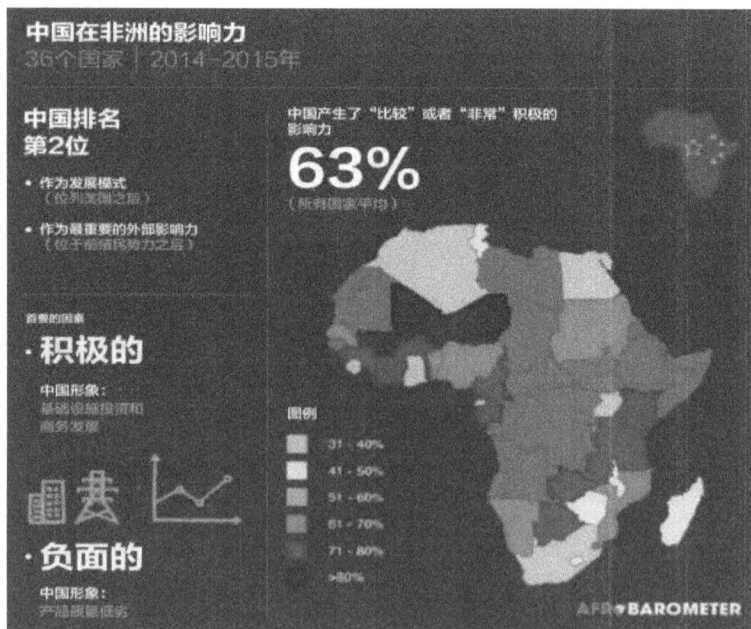

资料来源：非洲晴雨表.《中国在非洲影响力持续加强赢得广泛积极评价》

　　总体而言，非洲公众认可中国对其国家经济和政治产生的影响。近三分之二（63%）的受访者认为，中国的影响是"比较积极的"（35%）或"非常积极的"（28%），只有 15%的受访者认为这种影响是"比较"或"非常"消极的，而其他的受访者（22%）对此不置可否。从区域来看，非洲西部（72%）、中部（70%）和东部（68%）公众给予积极评价的占比更高。（参见图 7-12）

图7-12 非洲公众对中国经济和政治影响力的评价

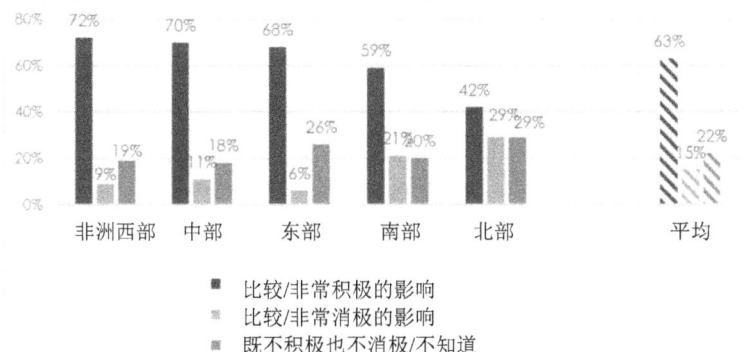

图例：
- 比较/非常积极的影响
- 比较/非常消极的影响
- 既不积极也不消极/不知道

资料来源：非洲晴雨表.《中国在非洲影响力持续加强赢得广泛积极评价》

　　调查发现，经济因素对中国在非洲形象的塑造尤为重要。根据受访者的反馈，构成中国在非洲正面形象的主要因素包括中国对基础设施建设或其他发展项目的投资（32%）、中国产品的低价优势（23%）和大量的商业投资（16%）。另外，中国在国际事务上对某些非洲国家的支持（6%）和中国秉持不干涉非洲国家内政的原则（5%）也得到了当地公众的赞赏。另一方面，超过三分之一（35%）的受访者认为，中国产品的质量低劣损害了中国的形象。还有人担

心，中国企业在非洲投资会抢走当地人的工作机会和商业机会
（14%）、攫取非洲的资源（10%）或侵占非洲的土地（7%）。（参
见图7-13，图7-14）

图7-13 构成中国正面形象的主要因素

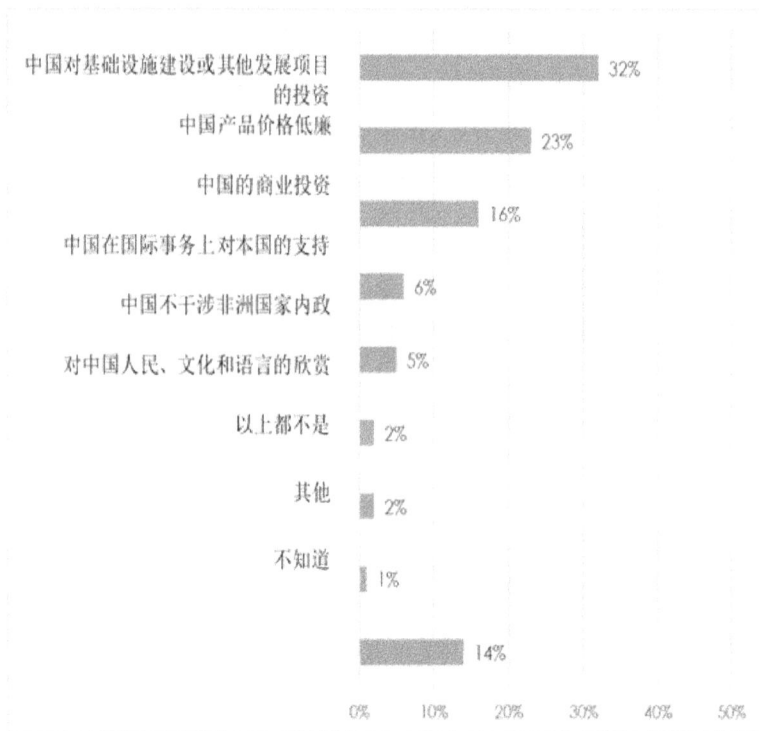

资料来源：非洲晴雨表.《中国在非洲影响力持续加强赢得广泛积极评价》

图7-14 构成中国负面形象的主要因素

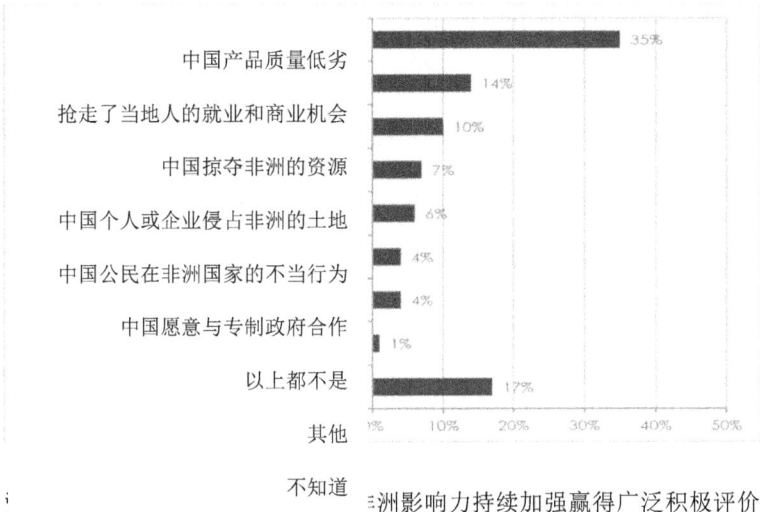

中国产品质量低劣 35%
抢走了当地人的就业和商业机会 14%
中国掠夺非洲的资源 10%
中国个人或企业侵占非洲的土地 7%
中国公民在非洲国家的不当行为 6%
中国愿意与专制政府合作 4%
以上都不是 4%
其他 1%
不知道 17%

《……洲影响力持续加强赢得广泛积极评价》

2014 年，南非伦理学研究所（Ethics Institute of South Africa）就非洲公众对中国企业的印象进行了一项调查，调查对象涵盖 15 个非洲国家的 1 056 位居民。结果显示，非洲公众虽然普遍认可中国企业对当地发展的推动作用，但仍就中国企业对当地环境和社会的影响存有疑虑。

在企业声誉、产品和服务质量、社会责任、环境责任、经济责任、雇用行为等 6 个方面，在非中资企业得到的负面评价均多于正面评价。具体而言，对中国企业声誉给予负面和正面评价的受访者比例分别为 43.3%和 35.4%，产品和服务质量维度对应的数据为 55.9%和 22.7%，社会责任维度对应的数据分别为 45.7%和 21.0%，环境责任维度对应的数据分别为 53.9%和 11.1%，经济责任维度对应的数据分别为 40.1%和 28.3%，雇用行为维度对应的数据分别为 46.0%和 19.1%。（参见表 7-1）

表7-1 非洲公众对中国企业的印象

	很不同意	不同意	不置可否	同意	非常同意
企业声誉					
在我国投资的中国企业声誉良好	26%	32%	18%	20%	4%
在我国投资的中国企业值得信赖	17%	25%	26%	27%	5%
中国企业对发展具有积极的影响	16%	18%	19%	36%	11%
中国企业在我国投资让我受益	31%	24%	16%	23%	6%
我知道至少三种中国品牌	10%	14%	7%	50%	20%
中国与我国是平等的商业伙伴	33%	29%	14%	18%	6%
产品和服务质量					
中国产品将本土产品挤出了市场	47%	32%	10%	7%	5%
我对中方在我国实施的基础设施项目感到满意	16%	16%	21%	29%	18%
中国企业提供了高质量的产品和服务	36%	32%	20%	9%	3%
中国的产品和服务物超所值	24%	28%	23%	20%	6%
社会责任					
中国企业将社会/社区因素纳入了商业决策	40%	30%	18%	10%	2%
中国企业在我国开展业务时能够融入周边社区	36%	29%	16%	16%	3%
中国企业对我国的社区和慈善机构进行了捐赠	31%	26%	27%	13%	2%
我愿意和中国人交朋友	12%	8%	31%	35%	13%
中国企业尊重非洲的文化和价值观	29%	20%	27%	18%	6%
经济责任					
中国企业的投资推动了我国的发展	15%	16%	21%	40%	8%

中国企业在我国不存在腐败行为	40%	21%	26%	10%	3%
环境责任					
中国企业将环境因素纳入了商业决策	39%	27%	22%	10%	2%
中国企业在我国遵守适用的环境法规	35%	25%	24%	14%	2%
中国企业若破坏了我国的自然环境会进行修复	38%	26%	25%	9%	2%
雇用行为					
中国企业为我国人民创造了就业机会	12%	16%	14%	46%	12%
中国企业尊重非洲员工	32%	30%	25%	11%	3%
中国企业为员工提供了体面的工作环境	34%	31%	23%	10%	2%
中国企业关心员工的健康和安全	32%	32%	25%	10%	2%
中国企业在我国只雇用中国公民	7%	20%	18%	41%	14%
来到我国的中国公民在非中国企业就职	24%	31%	20%	21%	5%
中国企业尊重员工的基本权益	33%	31%	23%	12%	1%
在我国的中国企业为员工提供了更高的薪水	40%	28%	23%	7%	2%
在我国的中国企业为员工提供了额外的福利	40%	29%	24%	6%	1%
在我国的中国企业为员工提供了良好的培训	28%	24%	29%	16%	2%
在我国的中国企业不存在晋升的玻璃天花板	30%	22%	35%	11%	3%

资料来源：Geerts S. Xinwa N. & Rossouw D. (2014). Africans' Perceptions of Chinese Business in Africa: A Survey. Geneva: Globethics.net / Hatfield: Ethics Institute of South Africa.

第8章

中国企业"走出去"的社会责任建设

全球经济博弈的背后往往隐藏着多元伦理价值观的碰撞，需要企业树立规则意识，锤炼沟通能力。20 世纪 90 年代，西方推行的以 SA8000 为代表的企业社会责任认证标准对中国出口产业造成了巨大的冲击，从而引发了中国各界对企业社会责任问题的关注和讨论。自 2006 年以来，中国企业社会责任建设发展迅速，逐渐形成了政府引导、行业推动、企业实践、社会参与、国际合作的推进格局。与此同时，随着中国对外直接投资与经济合作的迅猛发展，中国政府和相关组织发布了多项政策和指导性文件，以促进中国企业加强海外社会责任管理。但相关研究显示，虽然中国企业的社会责任意识在不断增强，但海外社会责任实践水平仍有待提升。

企业社会责任在中国的发展历程

引入阶段

中国企业社会责任的发展与改革开放的历程密切相关。在 1978 年实行改革开放政策以前，中国国有企业在计划经济体制下承担了很多社会功能，民营企业的发展则极为受限。20 世纪 90 年代初，中国明确提出了建立社会主义市场经济体制的改革目标。

1994 年，中国首部《公司法》正式生效，企业作为独立法人的地位得到了法律上的确认。此外，《环境保护法》（1989）、《工会法》（1992）、《消费者权益保护法》（1993）、《劳动法》（1994）等相关法律陆续颁布，形成了企业履行社会责任的基本法律框架。

随着改革开放政策的实施和深入，中国学者开始关注企业社会责任问题，并从理论上对其概念进行了零散的研究。徐淳厚认为，"商业企业的社会责任，就是企业在营销活动中客观存在的，有义务完成的，维护公众利益，保证经济增长，促进社会发展方面的责任"。[69]吴克烈认为，"企业的社会责任，可概述为企业对社会所应承担的一种法律义务"。[70]1990 年，袁家方主编的《企业社会责任》被认为是中国第一本关于企业社会责任问题的著作。该书对企业社会责任的定义是"企业在争取自身的生存与发展的同时，面对社会需要和各种社会问题，为维护国家、社会和人类的根本利益，必须承担的义务"。[71]刘俊海从法学的角度对公司的社会责任进行了研究。他认为，"所谓公司社会责任，是指公司不能仅仅以最大限度地为股东们营利或赚钱作为自己的唯一存在目的，而应当最大限度地增进股东利益之外的其他所有社会利益。"[72]

---

[69] 徐淳厚. 试论商业企业的社会责任[J]. 经济纵横，1987(9)：44-47.

[70] 吴克烈. 企业社会责任初探[J]. 企业经济，1989(8)：8-12.

[71] 袁家方. 企业社会责任[M]. 北京：海洋出版社，1990.

[72] 刘俊海. 公司的社会责任[M]. 北京：法律出版社，1999.

争议阶段

随着经济全球化的发展和中国对外开放水平的提高，特别是在中国成功加入世界贸易组织以后，中国企业参与国际竞争与合作的广度和深度显著增加。与此同时，国际社会对劳工权益、产品质量、环境保护等问题的关注程度也日益提高。

基于中美之间的人权问题谈判，中国原对外经济贸易部、司法部于 1991 年颁布《关于重申禁止劳改产品出口的规定》，并分别于 1992 年和 1994 年同美国签订《备忘录》及《合作声明》，明令禁止外贸公司直接或间接收购用于出口的劳改产品，禁止监狱向外贸公司提供出口货源以及与外商建立合资或合作企业。

为降低声誉受损的风险，许多跨国企业开始将社会责任议题纳入全球供应链管理，通过查厂、认证等方式敦促其海外供应商遵守相关的企业生产守则或社会责任标准。然而，这对中国的劳动密集型出口产业造成了巨大冲击，近万家企业因未通过诸如 SA8000 的社会责任认证而丧失订单。企业社会责任也因此一度被视为西方对中国实施的技术性贸易壁垒，引起了社会各界的广泛关注和热烈讨论。

这一时期，中国关于企业社会责任的研究更加丰富，内容涉及企业社会责任的内涵与特征、企业承担社会责任的必要性以及企业履行社会责任的途径等。

卢代富认为，所谓企业社会责任，乃指企业在谋求股东利润最大化之外所负的维护和增进社会利益的义务。就责任形态而言，企业社会责任的特点包括：（1）企业社会责任是一种关系责任或积极责任；（2）企业社会责任以企业的非股东利益相关者为企业义务的相对方；（3）企业社会责任是企业的法律义务和道德义务，或者正式制度安排和非正式制度安排的统一体；（4）企业社会责任是对传统的股东利润最大化原则的修正和补充。就责任范围而言，企业社会责任的内容包括：（1）对雇员的责任；（2）对消费者的责任；（3）对债权人的责任；（4）对环境、资源的保护与合理利用的责任；（5）对所在社区经济社会发展的责任；（6）对社会福利和社会公益事业的责任。[73]

叶祥松和黎友焕认为，企业社会责任包括两个特征，第一是法律和制度要求的强制性的社会责任，这类企业社会责任往往是通过相应法律、法规、行业标准等制度的制定来强制推行的；第二是道德和价值观念要求的自发的社会责任，这类企业社会责任的推行建立在企业文化中对人、自然、社会和谐关系的认可上，体现了企业家自身的人文素质与价值观念。[74]

厉以宁认为，企业的社会责任应当从 3 个方面来认识。第一，企业最重要的社会责任是为社会提供优质的产品、优质的服务，出人才、出经验。第二，企业必须重视经济增长的质量。在促进经济增长的同时，减少企业对所在地区的污染，改善环境。第三，企业要为社会的和谐作出贡献。不但要关心自己企业的职工，还要关心所在的社区。[75]

---

[73] 卢代富. 企业社会责任的经济学与法学分析[M]. 北京：法律出版社，2002.

[74] http://blog.fang.com/21286591/15452534/articledetail.htm

[75] 厉以宁. 企业的社会责任[J]. 中国流通经济，2005(7)：4-5.

商务部研究院高级研究员马宇明确表示，"企业社会责任，假如说是新的贸易壁垒，那也是值得赞赏的贸易壁垒"，反对"以社会责任缺失为代价"来维持中国的贸易竞争力。[76]

转变阶段

2006 年，企业社会责任首次在中国的法律及国家发展战略层面得到肯定。当年起施行的新《公司法》增加了社会责任条款，在总则第五条明确规定"公司从事经营活动，必须遵守法律、行政法规，遵守社会公德、商业道德，诚实守信，接受政府和社会公众的监督，承担社会责任"。同年召开的党的十六届六中全会通过了《中共中央关于构建社会主义和谐社会若干重大问题的决定》，明确提出"着眼于增强公民、企业、各种组织的社会责任"的要求。2007 年，商务部相继发布《关于加强出口企业环境监管的通知》和《关于国家级经济技术开发区加强社会责任建设的若干意见》。2008 年，国务院国有资产监督管理委员会（国资委）印发了《关于中央企业履行社会责任的指导意见》。

这段时期，中国对企业社会责任的理论研究急剧增加，推动力量更加多元化。以"企业社会责任"和"公司社会责任"为关键词在中国知识资源总库中的检索结果显示，2000-2008 年的相关文献共计 6 480 篇，其中 2006-2008 年的文献达到 5 061 篇[77]。中国纺织工业协会于 2005 年牵头制定了中国纺织企业社会责任管理体系 CSC900T。国家电网公司于 2006 年发布了中国首份企业社会责任报告。深圳证券交易所和上海证券交易所分别于 2006 年和 2008 年发

[76] 马宇. 值得赞赏的贸易壁垒[J]. 大经贸，2006(7)：22.
[77] http://www.chinacsr.net.cn/a/lilunyanjiu/20150418/30.html

布了《深圳证券交易所上市公司社会责任指引》和《上海证券交易所上市公司环境信息披露指引》。

快速发展

2008 年，汶川大地震和北京奥运会的召开加速了中国公民社会的发育，而三鹿奶粉事件的曝光进一步引发了全社会对于企业社会责任问题的关注。由此，中国的企业社会责任运动进入快速发展阶段。

中国企业的社会责任意识不断增强，发布社会责任报告的企业数量持续上涨。其中，国家电网、中国建筑股份、中钢集团等 80 余家企业发布了多语种报告；中石化、中国电科、中国五矿等企业发布了海外社会责任报告或设置了海外专题，供国内外相关方了解其海外业务；许多企业参考了 GRI 等国际通行的报告框架，并通过与世界领先企业的对标分析，促进自身社会责任管理水平和信息披露质量的提升。[7879]（参见图 8-1）

图 8-1 发布企业社会责任报告的中国企业数量

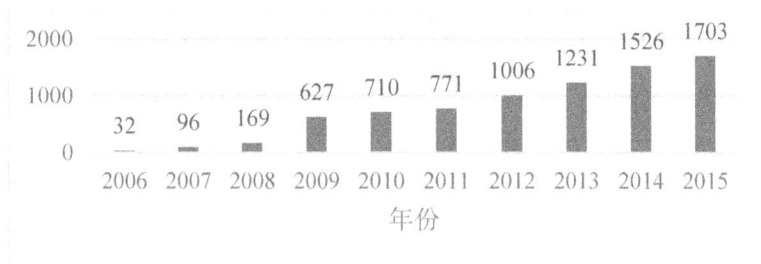

资料来源： 中国企业社会责任报告白皮书

---

[78] http://news.xinhuanet.com/fortune/2015-01/15/c_127389654.htm
[79] http://news.xinhuanet.com/tech/2015-12/22/c_128556629.htm

截至 2016 年末，加入联合国全球契约的中国企业和社会组织数量不断达到 261 家，包括大型企业 113 家、中小企业 105 家、社会组织 43 家。（参见图 8-2、图 8-3）

图 8-2 2000-2016 年累计加入联合国全球契约的中国组织数量

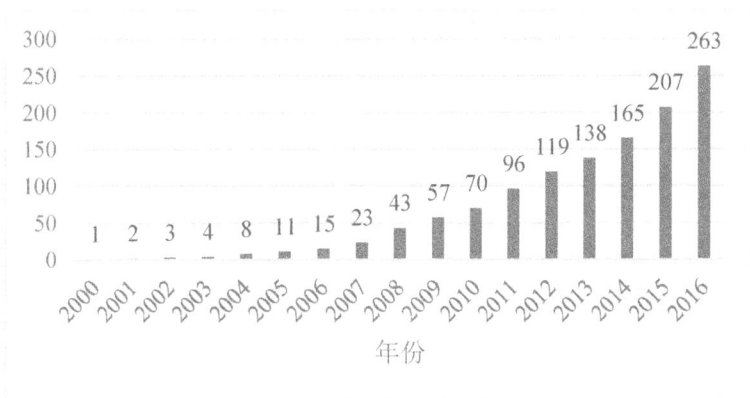

资　料　来　源 ：https://www.unglobalcompact.org/what-is-gc/participants

图 8-3 截至 2016 年末加入全球契约的中国组织数量和类型

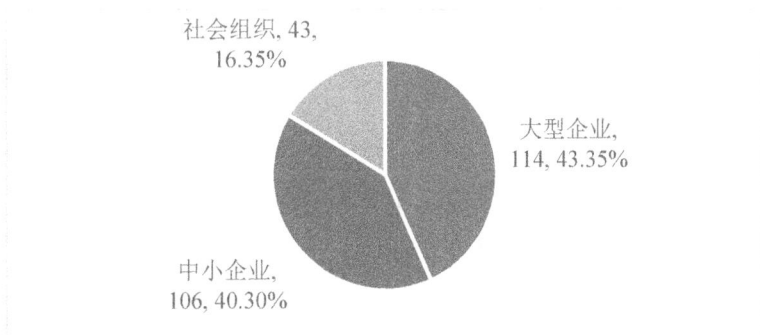

资　料　来　源 ：https://www.unglobalcompact.org/what-is-gc/participants

在立法完善方面，2011 年，中国《刑法修正案（八）》增加了有关海外贿赂的立法条款，弥补了此前在打击跨国贿赂犯罪方面的法律缺失；2012 年，中国对《劳动合同法》进行修订，强化了劳务派遣企业的责任，增加了对相应违法行为的处罚；2013 年，中国对《消费者权益保护法》进行了 20 年来的首次大修，对网络购物、公益诉讼、惩罚性赔偿等热点问题作出了明确规定，强化了经营者的义务；2014 年，中国对《环境保护法》进行修订，确立了损害者担责原则，借鉴国际通行的公民诉讼制度，提出了更加严格的监管和处罚措施[80]；2015 年，中国新修订的《食品安全法》进一步完善了食品安全监管体系，明确了产销者的责任。

在制度建设方面，2013 年，十八届三中全会审议通过《中共中央关于全面深化改革若干重大问题的决定》，将"承担社会责任"作为进一步深化国有企业改革的重点之一。2014 年，十八届四中全会审议通过《中共中央关于全面推进依法治国若干重大问题的决定》，明确提出了"加强企业社会责任立法"的要求。

在标准制定方面，国家质量监督检验检疫总局和国家标准化管理委员会于 2015 年联合发布了 3 项社会责任国家标准——GB/T 36000-2015《社会责任指南》、GB/T 36001-2015《社会责任报告编写指南》和 GB/T 36002-2015《社会责任绩效分类指引》（参见附录6），并于 2016 年 1 月 1 日起开始实施。

在国际合作方面，中国已同德国、瑞典、荷兰建立了企业社会责任合作项目，旨在加强中国政府部门和企业界的社会责任意识，提高相关政策制定与执行能力，促进社会责任理念、知识与实践的

---

[80] 中国已加入的国际环境公约，参见附录 5。

传播，并引入先进的社会责任管理工具，建立社会责任监测和评价机制，推动中国企业社会责任表现的提升。（参见表 8-1）

表8-1 中国企业社会责任国际合作项目

项目名称	项目周期	项目网站
中德贸易可持续发展与企业行为规范项目	2007 年 4 月-2014 年 6 月	www.chinacsrproject.org/index_CN.asp
中瑞企业社会责任合作项目	2007 年 6 月-今	www.csr.gov.cn
中荷企业社会责任项目	2011 年 12 月-2016 年 12 月	www.siccsr.org/index.aspx

此外，中国积极参与全球治理，促进包容的经济增长和可持续发展。2016 年 9 月，二十国集团成员批准了《G20 全球投资指导原则》，确立了反对跨境投资保护主义，营建开放、非歧视、透明和可预见的投资政策环境，加强投资保护，确保政策制定透明度，推动投资促进可持续发展以及投资者责任等九大原则。2017 年 5 月 14 日，习近平主席出席"一带一路"国际合作高峰论坛并发表主旨演讲，倡议建立"一带一路"绿色发展国际联盟，加强生态环保合作，建设生态文明，共同实现联合国可持续发展目标。

中国企业海外社会责任发展现状

国家法规

　　自 2007 年以来，中国政府及相关部委出台了一系列关于中国企业海外社会责任的政策法规，就商业诚信、安全管理、文化建设、环境保护、公平竞争等领域提出了相应的要求或指导意见（参见表8-2）。

表8-2 关于中国企业海外社会责任的政策法规

年份	名称	发布机构
行政法规		
2008	对外承包工程管理条例	国务院
2012	对外劳务合作管理条例	国务院
部门规章		
2011	中央企业境外国有资产监督管理暂行办法	国资委
2011	中央企业境外国有产权管理暂行办法	国资委
2012	中央企业境外投资监督管理暂行办法	国资委
2013	中央企业应急管理暂行办法	国资委
2014	境外投资管理办法	商务部
部门规范性文件		
2007	关于进一步规范对外承包工程业务发展的规定	商务部

2007	关于加强出口企业环境监管的通知	商务部、国家环境保护总局
2007	关于国家级经济技术开发区加强社会责任建设的若干意见	商务部
2007	关于加强银行业金融机构社会责任的意见	银监会
2008	关于中央企业履行社会责任的指导意见	国资委
2008	关于进一步规范我国企业对外投资合作的通知	商务部、外交部、国资委
2009	中国企业境外森林可持续经营利用指南	国家林业局、商务部
2010	企业内部控制应用指引第4号——社会责任	财政部、证监会、审计署、银监会、保监会
2010	对外劳务合作不良信用记录试行办法	商务部、外交部、公安部、国家工商总局
2010	境外中资企业机构和人员安全管理规定	商务部、外交部、国家发改委、公安部、国资委、安全监管总局、全国工商联
2011	境外中资企业（机构）员工管理指引	商务部、外交部、国资委、全国工商联
2012	境外中资企业机构和人	商务部

	员安全管理指南	
2012	绿色信贷指引	银监会
2012	中国境外企业文化建设若干意见	商务部、中央外宣办、外交部、国家发改委、国资委、国家预防腐败局、全国工商联
2012	认证机构履行社会责任指导意见	认监委
2012	对外承包工程行业社会责任指引	商务部
2013	对外投资合作环境保护指南	商务部、环保部
2013	规范对外投资合作领域竞争行为的规定	商务部
2013	对外投资合作境外安全事件应急响应和处置规定	商务部、外交部、住房城乡建设部、卫生计生委、国资委、安全监管总局
2013	对外投资合作和对外贸易领域不良信用记录试行办法	商务部、外交部、公安部等9部门
2013	境外中资企业商（协）会建设指引	商务部
2013	关于加强对外投资合作在外人员分类管理工作	商务部

	的通知	
2013	直销企业履行社会责任指引	国家工商总局
2014	境外企业知识产权指南（试行）	商务部
2014	网络交易平台经营者履行社会责任指引	国家工商总局
2014	国家产品质量监督检验中心社会责任报告制度实施指导意见	认监委
2014	企业绿色采购指南（试行）	商务部、环保部、工信部
2015	社会责任系列国家标准	国家质量监督检验检疫总局、国家标准化管理委员会
2015	推动共建丝绸之路经济带和 21 世纪海上丝绸之路的愿景与行动	国家发改委、外交部、商务部
2015	关于保险业履行社会责任的指导意见	保监会
2016	关于国有企业更好履行社会责任的指导意见	国资委
2017	中央企业境外投资监督管理办法	国资委

2017	关于规范银行业服务企业走出去加强风险防控的指导意见	银监会
2017	关于推进绿色"一带一路"建设的指导意见	环保部、外交部、国家发改委、商务部

行业指南

在国家政策的引领下，中国各行业协会、商会及相关科研机构通过开展理论研究、制定评价标准、组织培训研讨、举办交流活动等方式，提高企业在国内外市场经营的责任意识和履责能力。自2006 年以来，中国已有 43 家行业协会发布了行业企业社会责任指南，11 家发布了行业社会责任报告，21 家为企业搭建了企业社会责任报告集中发布平台。[81]（参见表 8-3）

例如，2012 年，由商务部指导中国对外承包工程商会编制的《中国对外承包工程行业社会责任指引》正式发布，针对质量安全、员工发展、业主权益、供应链管理、公平竞争、环境保护和社区发展等 7 项核心议题，对对外承包工程企业履行社会责任提出了具体的要求，明确了社会责任管理的要点。该《指引》借鉴了联合国全球契约和 ISO26000 指南等国际通行规则，并结合中国对外承包工程行业的发展现状，为相关企业提供了可参考的行动框架。

2014 年，中国五矿化工进出口商会在中德政府签署的"中德贸易可持续发展与企业行为规范项目"及"新兴市场跨国企业可持续发展网络"框架下，参照多部国内外相关法规和标准编制了《中

---

[81] http://www.wtoguide.net/index.php?g=&m=article&a=index&id=449

国对外矿业投资行业社会责任指引》，以期规范中国对外矿业投资运营行为，引导企业制定明确的企业社会责任和可持续发展战略，并建立相关的管理体系。次年，该商会发布了《中国负责任矿业供应链尽责管理指南》，为相关企业提供了具体的操作方法。

表8-3 中国企业社会责任行业指南

发布机构	年份	名称
上海证券交易所	2008	上海证券交易所上市公司环境信息披露指引
	2009	《公司履行社会责任的报告》编制指引
深圳证券交易所	2010	深圳证券交易所主板上市公司规范运作指引
	2010	深圳证券交易所中小企业板上市公司规范运作指引
中国电子工业标准化技术协会社会责任工作委员会	2013	中国电子信息行业社会责任指南
	2014	中国电子信息行业社会责任报告编写指南
	2016	电子信息行业社会责任指南（行业标准）
中国对外承包工程商会	2012	中国对外承包工程行业社会责任指引
中国纺织工业协会	2005	中国纺织企业社会责任管理体系（CSC9000T）
	2008	中国纺织服装企业社会责任报告

		纲要（CSR-GATEs）
中国工业经济联合会	2010	中国工业企业及工业协会社会责任指南（第二版）
	2013	中国工业企业社会责任评价指标体系
	2015	中国工业企业社会责任管理指南2015
中国建筑业协会、中国水运建设行业协会、中国电力建设企业协会等12家行业协会	2013	关于建筑业企业履行社会责任的指导意见
	2013	建筑业企业履行社会责任报告编写指南（试行）
中国林业产业联合会、中国林产工业协会	2011	中国林产业工业企业社会责任报告编写指南
中国农业国际交流协会	2014	境外农业投资良好经营及社会责任公约
中国皮革行业协会	2006	中国皮革行业社会责任指南
中国企业评价协会、清华大学社会科学学院	2014	中国企业社会责任评价准则
中国商业联合会	2013	商业服务业企业社会责任评价准则

中国社会科学院经济学部企业社会责任研究中心	2014	中国企业社会责任报告编写指南（CASS-CSR3.0）
中国石油和化学工业联合会	2011	责任关怀实施准则（行业标准）
中国五矿化工进出口商会	2014	中国对外矿业投资行业社会责任指引
	2015	中国负责任矿产供应链尽责管理指南
中国消费者协会	2007	良好企业保护消费者利益社会责任导则
中国银行业协会	2009	中国银行业金融机构企业社会责任指引
中小企业合作发展促进中心、中小企业全国理事会	2013	中国中小企业社会责任指南

企业实践

《中资企业海外社会责任研究报告（2016~2017）》[82]指出，虽然中国企业的社会责任意识在不断增强，但其海外社会责任管理与实践尚处于起步阶段。根据企业的海外社会责任管理情况和信息披露水平，该研究将企业划分为卓越者（海外社会责任发展指数达

---

[82] http://www.shangbaoline.com/xh/c/110195.html

80 分以上）、领先者（60-80 分）、追赶者（40-60 分）、起步者
（20-40 分）和旁观者（20 分以下）。

　　报告显示，中资企业的海外社会责任发展指数平均为 25.67 分，
即整体处于"起步者"阶段。其中，"卓越者"和"领先者"的占
比分别为 7%和 8%，9%的企业处于"追赶"阶段，16%的企业处于
"起步"阶段，而高达 60%的企业仍在"旁观"。（参见图 8-4）

图 8-4 2016 年中资企业海外社会责任发展指数分布

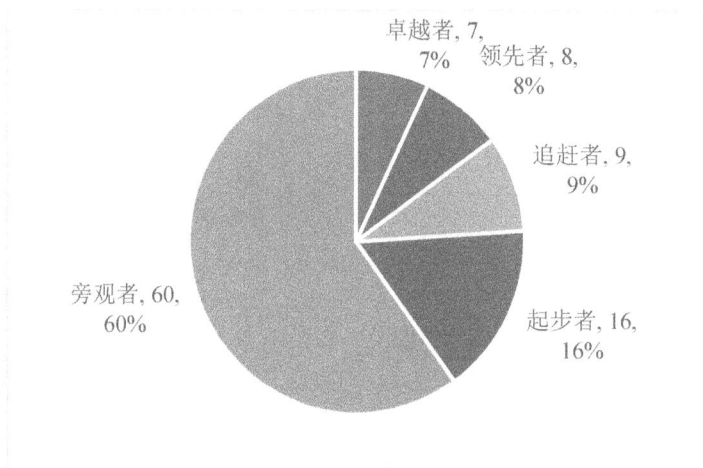

资料来源：中资企业海外社会责任研究报告（2016~2017）

　　研究发现，不同类型企业的海外社会责任发展水平存在较大的
差异。其中，中央企业的海外社会责任发展指数最高（42.77 分），
民营企业次之（20.93 分），而其他国有企业得分最低（7.90 分），
三者分别处于"追赶"、"起步"和"旁观"阶段。（参见图 8-5）

图 8-5 2016 年中资企业海外社会责任发展指数（按企业类型）

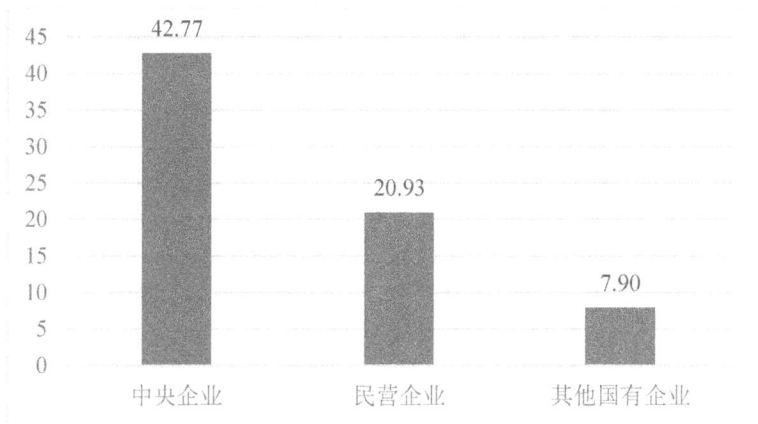

资料来源：中资企业海外社会责任研究报告（2016~2017）

此外，不同行业企业的海外社会责任发展表现也存在一定差异。总体而言，建筑业和交通运输服务业的表现比较突出，二者的社会责任发展指数分别为 49.92 分和 42.00 分，处于"追赶者"阶段。处于"起步者"阶段的行业包括矿业（38.13 分）、电力行业（32.60 分）、制造业（23.07 分）、信息传输和技术服务业（22.65 分）。而房地产业（14.47 分）、混业（14.06 分）和其他服务业（2.43 分）的海外社会责任发展处于"旁观者"水平。（参见图 8-6）

图8-6 2016年中资企业海外社会责任发展指数（按行业）

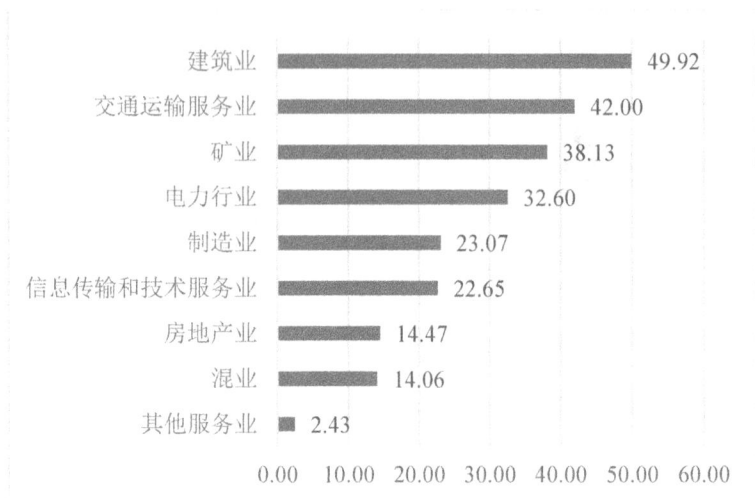

建筑业 49.92
交通运输服务业 42.00
矿业 38.13
电力行业 32.60
制造业 23.07
信息传输和技术服务业 22.65
房地产业 14.47
混业 14.06
其他服务业 2.43

0.00 10.00 20.00 30.00 40.00 50.00 60.00

资料来源：中资企业海外社会责任研究报告（2016~2017）

责任意识

　　根据联合国开发计划署驻华代表处、商务部国际贸易经济合作研究院、国务院国有资产监督管理委员会研究中心共同撰写的《中国企业海外可持续发展报告 2015》[83]，绝大多数从事海外经营的中国企业对企业社会责任具有正确的认识。高达 85%的受调查企业认为，企业在追求自身发展的同时必须要履行社会责任；83%的企业认为，履行社会责任能够提升企业发展能力和竞争力。但仍有 4%的企业认为，企业发展的目的是为了追求利益最大化，与社会责任无关；2%的企业认为，为了自身发展，必要的时候可以不考虑社会责任。（参见图 8-7）

---

[83] http://www.cn.undp.org/content/china/zh/home/library/south-south-cooperation/2015-report-on-the-sustainable-development-of-chinese-enterprise/

图 8-7 中国跨国企业对企业社会责任的基本认识

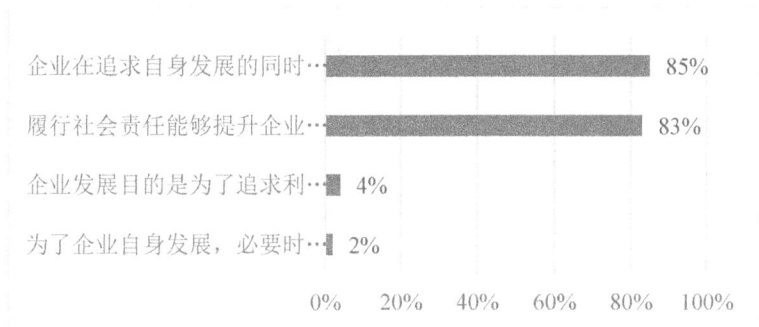

资料来源：中国企业海外可持续发展报告 2015

在关于企业社会责任的知识储备方面，中国跨国企业对企业公民理念、利益相关者理论和三重底线（经济、环境、社会）框架的了解程度要高于相关的国际倡议或指导原则，如联合国千年发展目标和可持续发展目标、ISO26000、联合国全球契约及 GRI（全球报告倡议）。（参见图 8-8）

图 8-8 中国跨国企业对企业社会责任相关知识的了解程度

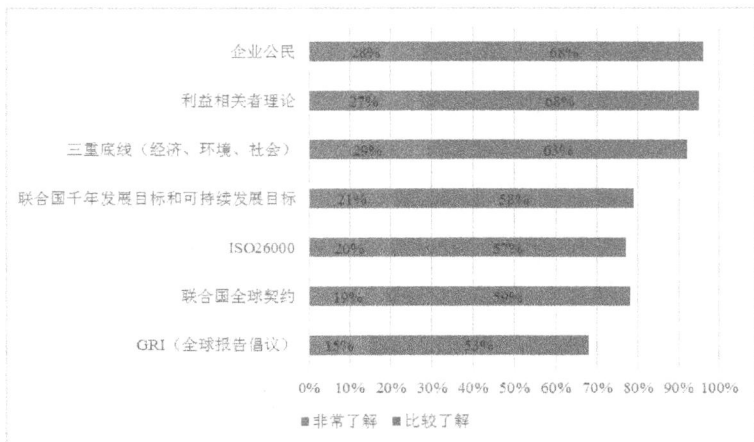

资料来源：中国企业海外可持续发展报告 2015

　　调查显示，海外中资企业履行社会责任的动力主要源于企业内部，有 76%的受访企业称其履责行为是受到了企业文化和经营理念的驱使，48%的企业称集团公司总部对海外分支机构的责任履行提出了明确的要求。此外，当地政府（33%）、商业贸易伙伴（24%）、包括当地社区在内的其他利益相关方（23%）等外部压力也是海外中资企业履行社会责任的动力来源。（参见图 8-9）

图 8-9 海外中资企业履行社会责任的根本动因

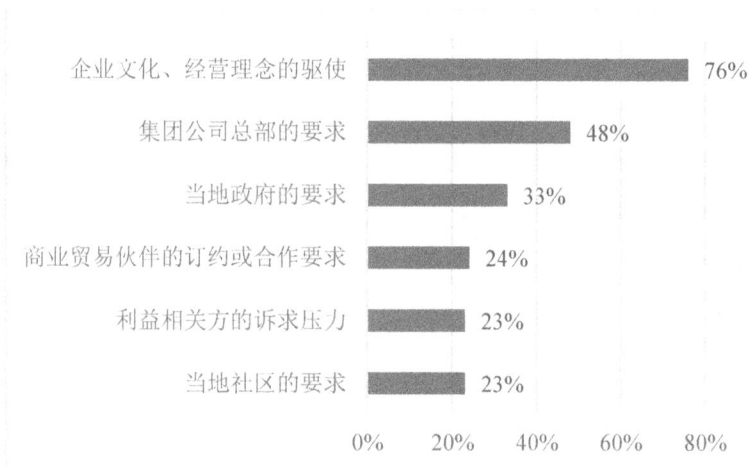

资料来源： 中国企业海外可持续发展报告 2015

　　另一方面，根据受访企业的反馈，制约海外中资企业履行社会责任的因素也以企业内部因素为主，具体包括缺乏专业组织和人才服务、缺少理论和实践支持（52%），未建立负责人奖惩制度（42%），没有财力开展社会责任工作（37%），来自东道国外部利益相关方的压力较小（31%），集团总部没有统一的要求和规定（26%），企业高层没有社会责任意识、缺乏对社会责任的全面了解（19%）等。（参见图 8-10）

图 8-10 制约海外中资企业履行社会责任的因素

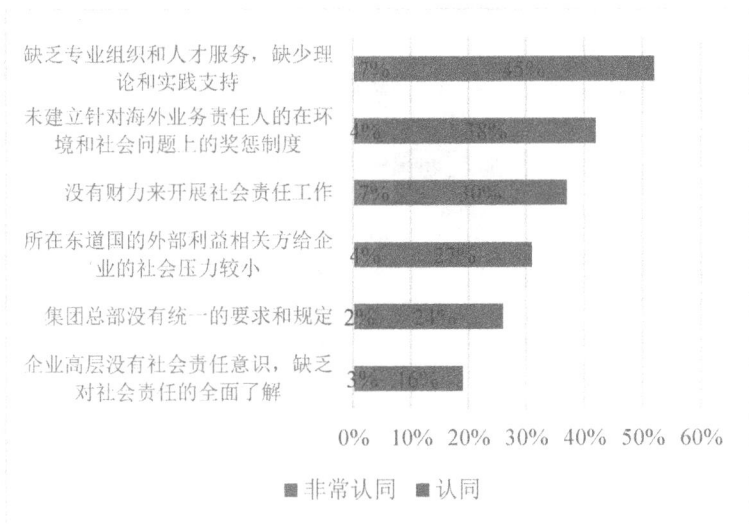

资料来源：中国企业海外可持续发展报告 2015

管理机制

　　在企业社会责任管理方面，已经专门针对海外业务建立了社会责任管理体系的企业占比尚不足五成。其中，33%的企业称其管理体系运行良好并已设立负责部门或指定管理人员，另有 16%的企业认为其管理体系运行一般。此外，41%的受访企业称其海外社会责任管理体系正处于拟建阶段，而仍有 10%的企业暂时没有相关的打算。（参见图 8-11）

图8-11 中国企业海外社会责任管理体系建设情况

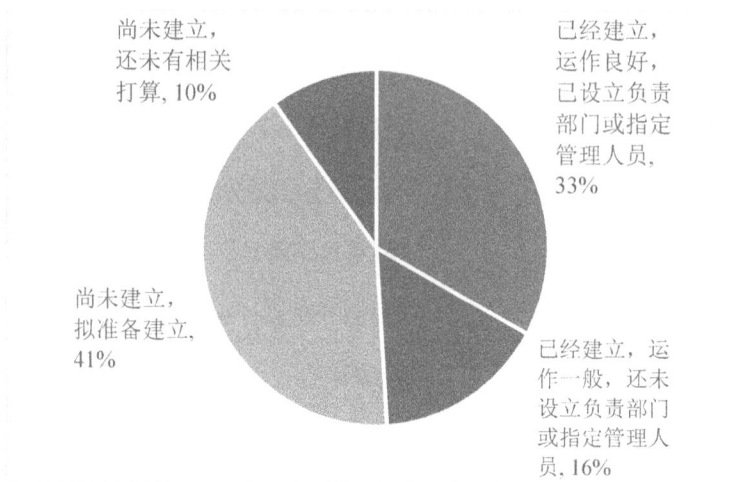

尚未建立，还未有相关打算，10%

已经建立，运作良好，已设立负责部门或指定管理人员，33%

尚未建立，拟准备建立，41%

已经建立，运作一般，还未设立负责部门或指定管理人员，16%

资料来源：中国企业海外可持续发展报告 2015

　　相比而言，已经建立海外社会责任管理体系的国有企业比例要高于民营企业，体系运作情况也普遍优于民营企业。具体而言，在样本企业中，59%的国有企业已经建立了海外社会责任管理体系，比民营企业的相应比例高出 16 个百分点；其中，体系运作良好的国有企业比例为 39%，而民营企业的对应数据为 30%。（参见图 8-12）

图8-12 中国国有和民营企业海外社会责任管理体系建设情况

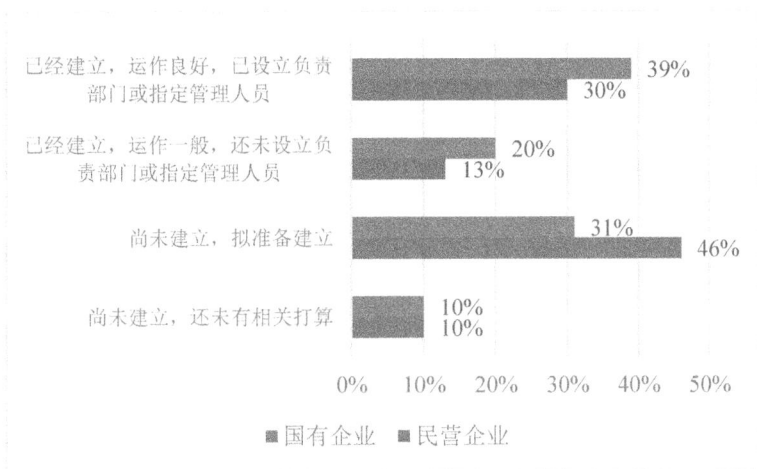

已经建立，运作良好，已设立负责部门或指定管理人员 39% / 30%

已经建立，运作一般，还未设立负责部门或指定管理人员 20% / 13%

尚未建立，拟准备建立 31% / 46%

尚未建立，还未有相关打算 10% / 10%

■ 国有企业 ■ 民营企业

资料来源：中国企业海外可持续发展报告 2015

在利益相关方识别方面，中国跨国企业对利益相关方的重视程度主要取决于其与核心业务的关联程度。调查结果显示，海外中资企业最重视的五大利益相关方依次为客户、股东（投资者）、投资国政府、中国政府当地常驻机构、供应商，而重视程度最低的五大利益相关方依次为非政府组织、国际组织（如联合国当地机构）、新闻媒体、行业协会、当地社区。（参见图 8-13）

图8-13 海外中资企业对利益相关方的重视程度

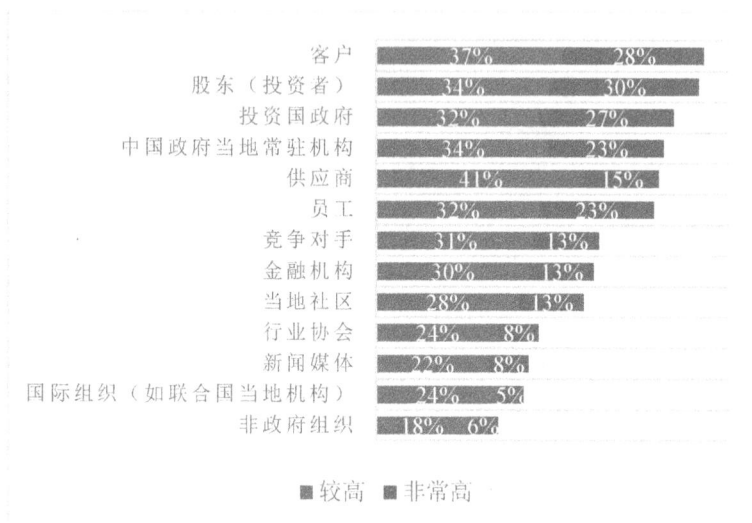

利益相关方	较高	非常高
客户	37%	28%
股东（投资者）	34%	30%
投资国政府	32%	27%
中国政府当地常驻机构	34%	23%
供应商	41%	15%
员工	32%	23%
竞争对手	31%	13%
金融机构	30%	13%
当地社区	28%	13%
行业协会	24%	8%
新闻媒体	22%	8%
国际组织（如联合国当地机构）	24%	5%
非政府组织	18%	6%

■较高　■非常高

资料来源：中国企业海外可持续发展报告 2015

　　在企业与利益相关方的互动机制建设方面，调查结果显示，55%的企业已经建立起相应的海外利益相关方参与机制。其中，有 39%的企业称其现有机制运作情况良好并保持着与利益相关方的定期沟通，16%的企业虽然已建立了互动机制，但运作情况一般，在遇到问题的时候才与利益相关方进行沟通。目前仍有 45%的企业尚未建立海外利益相关方参与机制，其中有 36%的企业处于拟建阶段，而9%的企业还未有相关打算。（参见图 8-14）

图8-14 海外中资企业的利益相关方参与机制建设情况

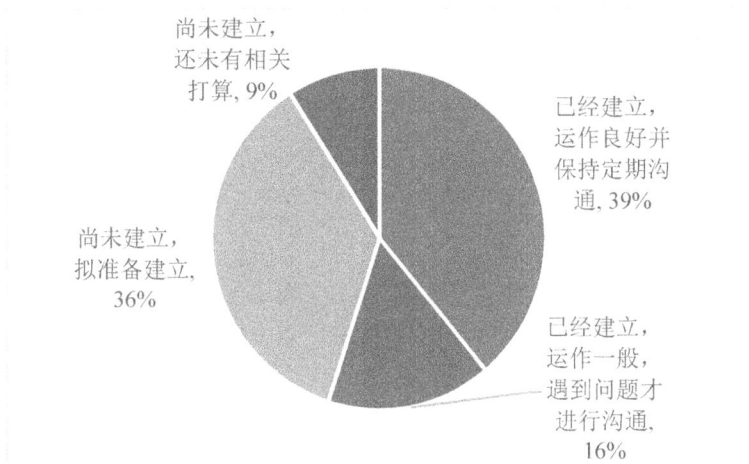

尚未建立，还未有相关打算, 9%

已经建立，运作良好并保持定期沟通, 39%

尚未建立，拟准备建立, 36%

已经建立，运作一般，遇到问题才进行沟通, 16%

资料来源： 中国企业海外可持续发展报告 2015

行为表现

根据毕马威全球中国业务发展中心和中国国际贸易促进委员会经济信息部共同撰写的调查报告《中国企业的海外绿色运营》[84]，中外媒体和研究机构最为关注的企业社会责任领域包括社区影响和经济发展（19.5%）、环境影响（15.4%）、就业机会（11.8%）、绿色信贷（9.5%）、劳资关系（6.5%）等。（参见图 8-15）

---

[84] https://assets.kpmg.com/content/dam/kpmg/pdf/2013/10/China-enterprises-green-globalisation-201310-c.pdf

图 8-15 关于中国企业海外社会责任表现的案例统计（按议题）

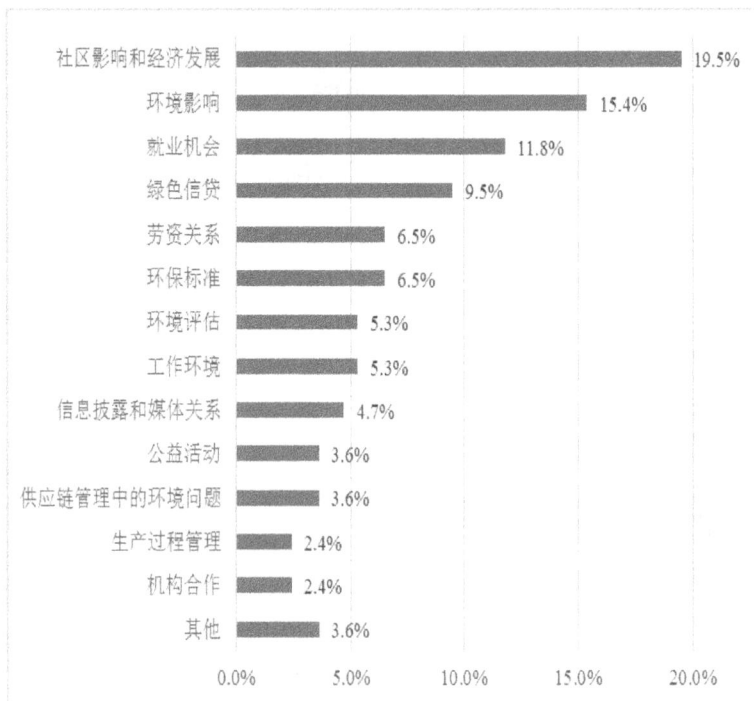

社区影响和经济发展	19.5%
环境影响	15.4%
就业机会	11.8%
绿色信贷	9.5%
劳资关系	6.5%
环保标准	6.5%
环境评估	5.3%
工作环境	5.3%
信息披露和媒体关系	4.7%
公益活动	3.6%
供应链管理中的环境问题	3.6%
生产过程管理	2.4%
机构合作	2.4%
其他	3.6%

注：统计期间为 2012 年 11 月至 2013 年 5 月。

资料来源：中国企业的海外绿色运营

在关于中国企业海外社会责任表现的案例中，正面案例所占比例为 37.4%，而负面案例占比为 62.6%。具体而言，中国企业在提供就业机会、制订环保标准和开展公益活动方面获得了较多的赞誉，在社区影响和经济发展及绿色信贷方面毁誉参半，而在环境影响、劳资关系、环境评估和工作环境等方面则饱受诟病。（参见图 8-16）

图8-16 关于中国企业海外社会责任表现的案例统计（按评价）

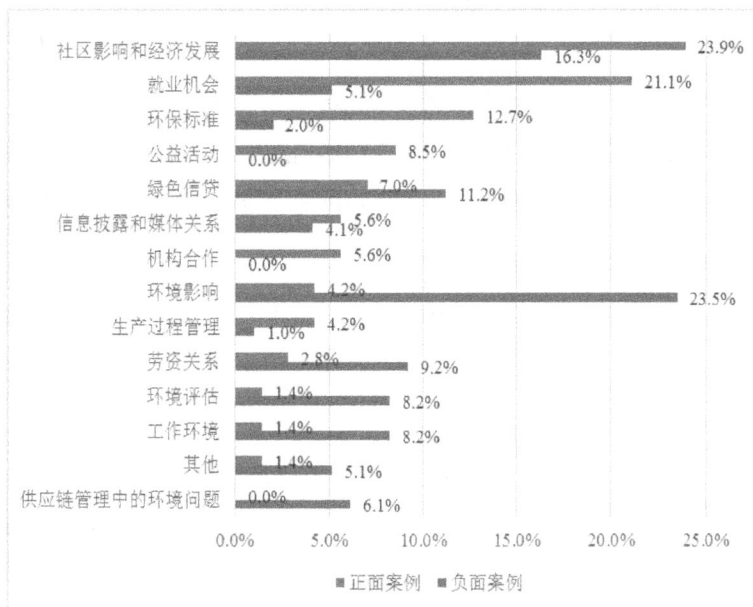

社区影响和经济发展 16.3% 23.9%
就业机会 5.1% 21.1%
环保标准 2.0% 12.7%
公益活动 0.0% 8.5%
绿色信贷 7.0% 11.2%
信息披露和媒体关系 4.1% 5.6%
机构合作 0.0% 5.6%
环境影响 4.2% 23.5%
生产过程管理 1.0% 4.2%
劳资关系 2.8% 9.2%
环境评估 1.4% 8.2%
工作环境 1.4% 8.2%
其他 1.4% 5.1%
供应链管理中的环境问题 0.0% 6.1%

0.0%　5.0%　10.0%　15.0%　20.0%　25.0%

■正面案例 ■负面案例

资料来源： 中国企业的海外绿色运营

调查发现，中国企业在衡量社会责任的重要程度时，往往依赖东道国本身的制度规范，在发达国家更加重视社会责任的履行，但在制度松散的国家和地区则缺乏自觉性。有些企业对海外项目的环境和社会影响评估既不够充分也不够透明，企业与社会机构所做的环评报告差异较大，有些项目在环评报告未获批准时就已经开始运作。一些因项目开展而受到影响、甚至失去生计的居民没有得到很好的补偿，曾出现企业宁愿缴纳罚款，也不愿履行环境和社区补偿协议的情况。当地工人曾提出过工作环境条件差、设备老旧等问题，有些中国企业曾因违反健康、安全和环保政策而多次受罚，个别分支机构被东道国政府关闭。企业更加倾向于接受国际通行的技术标准，但对自愿性质的环境标准或由多方起草的指导性原则往往重视不足。

此外，中国企业普遍缺乏与当地媒体和机构沟通的意愿，在海外实践中照搬国内做法是中国企业的通病之一。一些企业只重视与当地政府的关系，而忽略了与当地社区和非政府组织的互动，导致东道国民众难以了解中国企业在履行社会责任方面所作的贡献，有时候甚至把其他亚洲公司的违规操作误当作中国企业的行为。研究显示，在企业社会责任报告的发布方面，仅有 10%的中国企业对海外社会责任的履行状况进行了单独的披露，40%的企业以发布年度社会责任报告的形式对企业的海外业务信息进行了披露，而高达50%的中国企业尚未通过任何形式发布或披露相关信息。（参见图8-17）

图8-17 中国企业海外社会责任报告发布情况

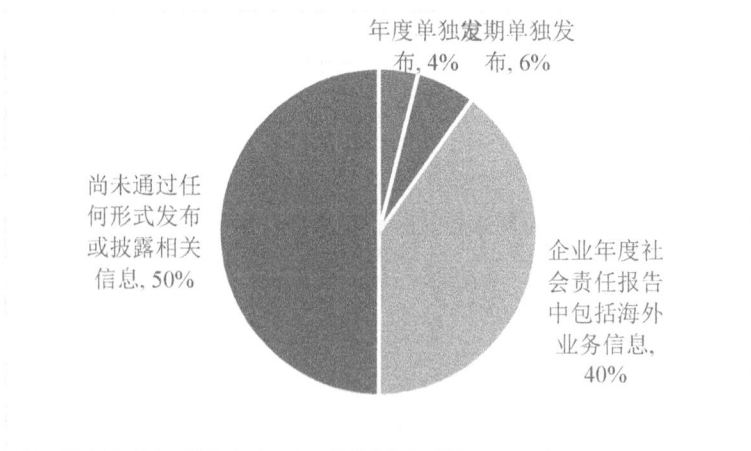

资料来源：中国企业海外可持续发展报告 2015

参考文献

[1]   Bowen, H. R. (2013). Social Responsibilities of the Businessman. Iowa City: University of Iowa Press.

[2]   Carroll, A. B. (1979). A Three-Dimensional Conceptual Model of Corporate Performance. Academy of Management Review, 4(4), 497-505.

[3]   Carroll, A. B. (1991). The Pyramid of Corporate Social Responsibility: Toward the Moral Management of Organizational Stakeholders. Business Horizons, 34(4), 39-48.

[4]   Carroll, A. B. (1999). Corporate Social Responsibility: Evolution of a Definitional Construct. Business and Society, 38(3), 268-295.

[5]   Committee for Economic Development. (1971). Social Responsibilities of Business Corporations. New York.

[6]   Dahlsrud, A. (2006). How Corporate Social Responsibility is Defined: an Analysis of 37 Definitions. Corporate Social Responsibility and Environmental Management, 15(1):1-13.

[7]   Davis, K. (1960). Can Business Afford to Ignore Social Responsibilities? California Management Review, 2, 70-76.

[8]   Elkington, J. (1997). Cannibals with Forks: Triple Bottom Line of 21st Century Business. Capstone.

[9]   European Commission. (2001). Green Paper: Promoting a European Framework for Corporate Social Responsibility, Brussels.

[10] Frederick, W. C. (1960). The Growing Concern over Business

Responsibility. California Management Review, 2, 54-61.

[11] Frederick, W. C. (1978). From CSR_1 to CSR_2: The Maturing of Business and Society Thought. University of Pittsburgh, Working Paper No. 279.

[12] Frederick, W. C. (2009). Corporate Social Responsibility: Deep Roots, Flourishing Growth, Promising Future. In Crane, A., McWilliams, A., Matten, D., Moon, J., & Siegel, D. S. (Eds.), The Oxford Handbook of Corporate Social Responsibility (pp. 522-531). New York: Oxford University Press.

[13] Freeman, R. E. (1984). Strategic management: A Stakeholder Approach. Boston: Pitman.

[14] Friedman, M. (1962). Capitalism and Freedom. Chicago: University of Chicago Press.

[15] Friedman, M. (1970). The Social Responsibility of Business is to Increase its Profits. The New York Times, September 13.

[16] Geerts, S., Xinwa, N., & Rossouw, D. (2014). Africans' Perceptions of Chinese Business in Africa: A Survey. Geneva: Globethics.net / Hatfield: Ethics Institute of South Africa.

[17] Johnson, H. L. (1971). Business in Contemporary Society: Framework and Issues. Belmont, CA: Wadsworth.

[18] KPMG & University of Sydney. Demystifying Chinese Investment in Australia (May 2017). http://www.demystifyingchina.com.au/

[19] Levitt, T. (1958). The Dangers of Social Responsibility. Harvard Business Review, September-October, 41 – 50.

[20] McGuire, J. W. (1963). Business and Society. New York: McGraw-Hill.

[21] Rhodium Group. China's Rise in Global M&A: Here to Stay. http://www.usmergers.whitecase.com/chinas-rise-in-global-ma-

here-to-stay

[22] RHG & MERICS. A New Record Year for Chinese Outbound Investment in Europe. https://www.merics.org/en/merics-analysis/papers-on-china/cofdi/a-new-record-year-for-chinese-outbound-investment-in-europe/

[23] RHG & MERICS. Chinese Investment in Europe: Record Flows and Growing Imbalances. https://www.merics.org/en/merics-analysis/papers-on-china/cofdi/cofdi2017/

[24] Steiner, G. A. (1971). Business and society. New York: Random House.

[25] Wartick, S. L., & Cochran, P. L. (1985). The Evolution of the Corporate Social Performance Model. Academy of Management Review, 10, 758-769.

[26] Wood, D. J. (1991). Corporate Social Performance Revisited. Academy of Management Review, 16(4), 691-718.

[27] World Business Council for Sustainable Development. (1999). Corporate Social Responsibility: Meeting Changing Expectations. WBCSD, Geneva.

[28] World Economic Forum. (2002). Global Corporate Citizenship: The Leadership Challenge for CEOs and Boards. WEF and the Prince of Wales Business Leaders Forum, Geneva.

[29] 毕马威全球中国业务发展中心，中国国际贸易促进委员会经济信息部. 中国企业的海外绿色运营[R]. https://assets.kpmg.com/content/dam/kpmg/pdf/2013/10/China-enterprises-green-globalisation-201310-c.pdf.

[30] 冯梅，王再文，曹辉. 中国企业公民建设研究[M]. 北京：经济科学出版社，2011.

[31] 高宝玉，Rolf Dietmar，Andreas Edele. 中国地方政府推进企业

社会责任政策概览[M]. 北京：经济管理出版社，2012.

[32] 广东省社会科学院. 2004 广东企业社会责任建设蓝皮书[M]. 广东：广东经济出版社，2004.

[33] 郝琴. 社会责任国家标准解读[M]. 北京：中国经济出版社，2015.

[34] 黄邦汉，高峰，张云英. 企业社会责任概论[M]. 北京：高等教育出版社，2010.

[35] 劳动和社会保障部劳动科学研究所课题组. 企业社会责任运动应对策略研究[J]. 经济研究参考，2004(81)：3-16.

[36] 厉以宁. 企业的社会责任[J]. 中国流通经济，2005(7)：4-5.

[37] 联合国开发计划署驻华代表处，商务部国际贸易经济合作研究院，国务院国有资产监督管理委员会研究中心.中国企业海外可持续发展报告 2015[R]. http://www.cn.undp.org/content/china/zh/home/library/south-south-cooperation/2015-report-on-the-sustainable-development-of-chinese-enterprise/.

[38] 刘俊海. 公司的社会责任[M]. 北京：法律出版社，1999.

[39] 卢代富. 企业社会责任的经济学与法学分析[M]. 北京：法律出版社，2002.

[40] 马宇. 值得赞赏的贸易壁垒[J]. 大经贸，2006(7)：22.

[41] 麦肯锡公司. 龙狮共舞：中非经济合作现状如何，未来又将如何发展？

[42] 全球环境研究所. 走出去——中国对外投资、贸易和援助现状及环境治理挑战[M]. 北京：中国环境出版社，2013.

[43] 任荣明，朱晓明. 企业社会责任多视角透视[M]. 北京：北京大学出版社，2009.

[44] 沈洪涛，沈艺峰. 公司社会责任思想：起源与演变[M]. 上海：上海人民出版社，2007.

[45] 吴克烈. 企业社会责任初探[J]. 企业经济，1989(8)：8-12.

[46] 徐淳厚. 试论商业企业的社会责任[J]. 经济纵横，1987(9)：44-47.

[47] 姚明，傅潇霄，冯晞. 2014海外中国企业声誉报告[M]. 浙江：浙江大学出版社，2015.

[48] 袁家方. 企业社会责任[M]. 北京：海洋出版社，1990.

[49] 钟宏武，张唐槟，田瑾，李玉华. 政府与企业社会责任——国际经验与中国实践[M]. 北京：经济管理出版社，2010.

[50] 王梅. 中国投资海外：质疑、事实和分析[M]. 北京：中信出版社，2014.

附录

附录 1 MSCI KLD 400 社会指数评价体系

维度	主题	关键议题
环境	气候变化	二氧化碳排放
		降低环境影响
		能源效率
		气候变化敏感性
		产品碳足迹
	自然资源	水资源紧张
		原材料采购
		生物多样性与土地使用
	污染与废料	有毒气体排放与有毒废料处理
		电子垃圾
		包装材料与废料处理
	机遇	清洁技术
		可再生能源
		绿色建筑
社会	人力资本	员工管理
		人力资本开发

		健康与安全
		供应链劳工标准
	产品责任	产品安全与产品质量
		隐私与数据安全
		化学品安全
		责任投资
		金融产品安全
		健康与特定人群风险
	利益相关者管理	冲突管理
	机遇	加强沟通
		进入医疗卫生领域
		进入金融领域
		进入营养与健康领域
治理	公司治理	董事会
		所有权
		薪酬
		会计
	公司行为	商业伦理
		腐败和不稳定
		反竞争行为
		财务系统不稳定

附录 2 道琼斯可持续发展指数评价体系

维度	主题
经济	行为准则/合规管理/反腐败与反贿赂
	公司治理
	风险与危机管理
	行业特定标准
环境	环境政策/管理体系
	环境报告
	行业特定标准
社会	企业公民行为与企业慈善
	人力资本建设
	劳工实践指标
	社会报告
	人才吸引与保留
	行业特定标准

附录 3 富时社会责任指数评价体系

维度	主题
环境	气候变化
	水资源利用
	生物多样性
	污染与资源
	供应链管理：环境

社会	健康与安全 劳工标准 人权与社区 客户责任 供应链管理：社会
治理	反腐败 税务透明 风险管理 公司治理

附录 4 中国已签订的双边投资协定

序号	洲	国家	签署日期	生效日期	备注
1	欧洲	瑞典	1982 年 3 月 29 日	1982 年 3 月 29 日	
	欧洲	瑞典议定书	2004 年 9 月 27 日	2004 年 9 月 27 日	签字即生效
2	欧洲	德国	1983 年 10 月 7 日	1985 年 3 月 18 日	
	欧洲	德国	2003 年 12 月 1 日	2005 年 11 月 11 日	重新签订
3	欧洲	法国	1984 年 5 月 30 日	1985 年 3 月 19 日	2007 年 11 月 26 日重新签订，新协定取代旧协定。

	欧洲	法国	2007 年 11 月 26 日	2010 年 8 月 20 日	重新签订
4	欧洲	比利时与卢森堡	1984 年 6 月 4 日	1986 年 10 月 5 日	
	欧洲	比利时与卢森堡	2005 年 6 月 6 日	2009 年 12 月 1 日	重新签订
5	欧洲	芬兰	1984 年 9 月 4 日	1986 年 1 月 26 日	
	欧洲	芬兰	2004 年 11 月 15 日	2006 年 11 月 15 日	重新签订
6	欧洲	挪威	1984 年 11 月 21 日	1985 年 7 月 10 日	
7	欧洲	意大利	1985 年 1 月 28 日	1987 年 8 月 28 日	
8	欧洲	丹麦	1985 年 4 月 29 日	1985 年 4 月 29 日	
9	欧洲	荷兰	1985 年 6 月 17 日	1987 年 2 月 1 日	
	欧洲	荷兰	2001 年 11 月 26 日	2004 年 8 月 1 日	重新签订
10	欧洲	奥地利	1985 年 9 月 12 日	1986 年 10 月 11 日	
11	欧洲	英国	1986 年 5 月 15 日	1986 年 5 月 15 日	

12	欧洲	瑞士	1986 年 11 月 12 日	1987 年 3 月 18 日	
	欧洲	瑞士	2009 年 1 月 27 日	2010 年 4 月 13 日	重新签订
13	欧洲	波兰	1988 年 6 月 7 日	1989 年 1 月 8 日	
14	欧洲	保加利亚	1989 年 6 月 27 日	1994 年 8 月 21 日	
	欧洲	保加利亚附加议定书	2007 年 6 月 26 日	2007 年 11 月 10 日	
15	欧洲	俄罗斯	2006 年 11 月 9 日	2009 年 5 月 1 日	
16	欧洲	匈牙利	1991 年 5 月 29 日	1993 年 4 月 1 日	
17	欧洲	捷克和斯洛伐克	1991 年 12 月 4 日	1992 年 12 月 1 日	
	欧洲	斯洛伐克	2005 年 12 月 7 日	2007 年 5 月 25 日	附加议定书
18	欧洲	葡萄牙	1992 年 2 月 3 日	1992 年 12 月 1 日	
	欧洲	葡萄牙	2005 年 12 月 9 日	2008 年 7 月 26 日	重新签订

19	欧洲	西班牙	1992 年 2 月 6 日	1993 年 5 月 1 日	
	欧洲	西班牙	2005 年 11 月 24 日	2008 年 7 月 1 日	重新签订
20	欧洲	希腊	1992 年 6 月 25 日	1993 年 12 月 21 日	
21	欧洲	乌克兰	1992 年 10 月 31 日	1993 年 5 月 29 日	
22	欧洲	摩尔多瓦	1992 年 11 月 6 日	1995 年 3 月 1 日	
23	欧洲	白俄罗斯	1993 年 1 月 11 日	1995 年 1 月 14 日	
24	欧洲	阿尔巴尼亚	1993 年 2 月 13 日	1995 年 9 月 1 日	
25	欧洲	克罗地亚	1993 年 6 月 7 日	1994 年 7 月 1 日	
26	欧洲	爱沙尼亚	1993 年 9 月 2 日	1994 年 6 月 1 日	
27	欧洲	斯洛文尼亚	1993 年 9 月 13 日	1995 年 1 月 1 日	
28	欧洲	立陶宛	1993 年 11 月 8 日	1994 年 6 月 1 日	
29	欧洲	冰岛	1994 年 3 月 31 日	1997 年 3 月 1 日	

30	欧洲	罗马尼亚（新）	1994年7月12日	1995年9月1日	
	欧洲	罗马尼亚附加议定书	2007年4月16日	2008年9月1日	
31	欧洲	南斯拉夫	1995年12月18日	1996年9月12日	塞尔维亚承接了前南斯拉夫的国际协定。
32	欧洲	马其顿	1997年6月9日	1997年11月1日	
33	亚洲	泰国	1985年3月12日	1985年12月13日	
34	亚洲	新加坡	1985年11月21日	1986年2月7日	
35	亚洲	科威特	1985年11月23日	1986年12月24日	
36	亚洲	斯里兰卡	1986年3月13日	1987年3月25日	
37	亚洲	日本	1988年8月27日	1989年5月14日	
38	亚洲	马来西亚	1988年11月21日	1990年3月31日	
39	亚洲	巴基斯坦	1989年2月12日	1990年9月30日	

40	亚洲	土耳其	1990 年 11 月 13 日	1994 年 8 月 19 日	
41	亚洲	蒙古	1991 年 8 月 25 日	1993 年 11 月 1 日	
42	亚洲	乌兹别克斯坦	1992 年 3 月 13 日	1994 年 4 月 12 日	2011 年 4 月 19 日重新签署，新协定取代旧协定。
42	亚洲	乌兹别克斯坦	2011 年 4 月 19 日	2011 年 9 月 1 日	重新签订
43	亚洲	吉尔吉斯斯坦	1992 年 5 月 14 日	1995 年 9 月 8 日	
44	亚洲	亚美尼亚	1992 年 7 月 4 日	1995 年 3 月 18 日	
45	亚洲	菲律宾	1992 年 7 月 20 日	1995 年 9 月 8 日	
46	亚洲	哈萨克斯坦	1992 年 8 月 10 日	1994 年 8 月 13 日	
47	亚洲	韩国	1992 年 9 月 30 日	1992 年 12 月 4 日	
	亚洲	韩国	2007 年 9 月 7 日	2007 年 12 月 1 日	重新签订
48	亚洲	土库曼斯坦	1992 年 11 月 21 日	1994 年 6 月 6 日	

49	亚洲	越南	1992 年 12 月 2 日	1993 年 9 月 1 日	
50	亚洲	老挝	1993 年 1 月 31 日	1993 年 6 月 1 日	
51	亚洲	塔吉克斯坦	1993 年 3 月 9 日	1994 年 1 月 20 日	
52	亚洲	格鲁吉亚	1993 年 6 月 3 日	1995 年 3 月 1 日	
53	亚洲	阿联酋	1993 年 7 月 1 日	1994 年 9 月 28 日	
54	亚洲	阿塞拜疆	1994 年 3 月 8 日	1995 年 4 月 1 日	
55	亚洲	印度尼西亚	1994 年 11 月 18 日	1995 年 4 月 1 日	
56	亚洲	阿曼	1995 年 3 月 18 日	1995 年 8 月 1 日	
57	亚洲	以色列	1995 年 4 月 10 日	2009 年 1 月 13 日	
58	亚洲	沙特阿拉伯	1996 年 2 月 29 日	1997 年 5 月 1 日	
59	亚洲	黎巴嫩	1996 年 6 月 13 日	1997 年 7 月 10 日	
60	亚洲	柬埔寨	1996 年 7 月 19 日	2000 年 2 月 1 日	

61	亚洲	叙利亚	1996 年 12 月 9 日	2001 年 11 月 1 日	
62	亚洲	也门	1998 年 2 月 16 日	2002 年 4 月 10 日	
63	亚洲	卡塔尔	1999 年 4 月 9 日	2000 年 4 月 1 日	
64	亚洲	巴林	1999 年 6 月 17 日	2000 年 4 月 27 日	
65	亚洲	伊朗	2000 年 6 月 22 日	2005 年 7 月 1 日	
66	亚洲	缅甸	2001 年 12 月 12 日	2002 年 5 月 21 日	
67	亚洲	朝鲜	2005 年 3 月 22 日	2005 年 10 月 1 日	
68	亚洲	印度	2006 年 11 月 21 日	2007 年 8 月 1 日	
69	大洋洲	澳大利亚	1988 年 7 月 11 日	1988 年 7 月 11 日	
70	大洋洲	新西兰	1988 年 11 月 22 日	1989 年 3 月 25 日	
71	大洋洲	巴布亚新几内亚	1991 年 4 月 12 日	1993 年 2 月 12 日	
72	非洲	加纳	1989 年 10 月 12 日	1990 年 11 月 22 日	

73	非洲	埃及	1994年4月21日	1996年4月1日	
74	非洲	摩洛哥	1995年3月27日	1999年11月27日	
75	非洲	毛里求斯	1996年5月4日	1997年6月8日	
76	非洲	津巴布韦	1996年5月21日	1998年3月1日	
77	非洲	阿尔及利亚	1996年10月17日	2003年1月28日	
78	非洲	加蓬	1997年5月9日	2009年2月16日	
79	非洲	尼日利亚	1997年5月12日		已废除
	非洲	尼日利亚	2001年8月27日	2010年2月18日	重新签订
80	非洲	苏丹	1997年5月30日	1998年7月1日	
81	非洲	南非	1997年12月30日	1998年4月1日	
82	非洲	佛得角	1998年4月21日	2001年10月1日	
83	非洲	埃塞俄比亚	1998年5月11日	2000年5月1日	

84	非洲	突尼斯	2004年6月21日	2006年7月1日	
85	非洲	赤道几内亚	2005年10月20日	2006年11月15日	
86	非洲	马达加斯加	2005年11月21日	2007年7月1日	
87	美洲	波利维亚	1992年5月8日	1996年9月1日	
88	美洲	阿根廷	1992年11月5日	1994年8月1日	
89	美洲	乌拉圭	1993年12月2日	1997年12月1日	
90	美洲	厄瓜多尔	1994年3月21日	1997年7月1日	
91	美洲	智利	1994年3月23日	1995年8月1日	
92	美洲	秘鲁	1994年6月9日	1995年2月1日	
93	美洲	牙买加	1994年10月26日	1996年4月1日	
94	美洲	古巴	1995年4月24日	1996年8月1日	
	美洲	古巴	2007年4月20日	2008年12月1日	重新修订

95	美洲	巴巴多斯	1998 年 7 月 20 日	1999 年 10 月 1 日	
96	美洲	特立尼达 多巴哥	2002 年 7 月 22 日	2004 年 12 月 7 日	
97	美洲	圭亚那	2003 年 3 月 27 日	2004 年 10 月 26 日	
98	欧洲	马耳他	2009 年 2 月 22 日	2009 年 4 月 1 日	
99	欧洲	塞浦路斯	2001 年 1 月 17 日	2002 年 4 月 29 日	
100	非洲	马里	2009 年 2 月 12 日	2009 年 7 月 16 日	
101	亚洲	日韩	2012 年 5 月 13 日	2014 年 5 月 17 日	
102	非洲	坦桑尼亚	2013 年 3 月 24 日	2014 年 4 月 17 日	
103	美洲	加拿大	2012 年 9 月 9 日	2014 年 10 月 1 日	
104	非洲	刚果	2000 年 3 月 20 日	2015 年 7 月 1 日	

资料来源： http://tfs.mofcom.gov.cn/article/Nocategory/201111/20111107819474.shtml

附录 5 中国已加入的国际环境公约

公约名称	缔约时间	缔约地点
防止海洋石油污染的国际公约	1954 年	伦敦
捕鱼与养护公海生物资源公约	1958 年	日内瓦
国际捕鲸管制公约	1946 年	华盛顿
东南亚及太平洋地区植物保护协定	1956 年	罗马
大陆架公约	1958 年	日内瓦
南极条约	1959 年	华盛顿
世界气象组织公约	1947 年	华盛顿
国际干预公海油污事故公约	1969 年	布鲁塞尔
国际油污损害民事责任公约	1969 年	布鲁塞尔
关于特别是作为水禽栖息地的国际重要湿地公约	1971 年	拉姆萨尔
世界文化和自然遗产保护公约	1972 年	巴黎
关于各国探索和利用外层空间包括月球与其他天体之活动所应遵守原则之条约	1972 年	莫斯科
防止倾倒废物和其他物质污染海洋的公约	1972 年	伦敦
关于禁止发展、生产和储存细菌（生物）及毒素武器和销毁此种武器的公约	1972 年	伦敦
关于油类以外物质造成污染时在公海进行干涉的议定书	1973 年	伦敦
濒危野生动植物种国际贸易公约	1973 年	华盛顿

国际防止船舶造成污染公约	1978 年	伦敦
国际植物新品种保护公约	1978 年	日内瓦
核材料实物保护公约	1980 年	维也纳
联合国海洋法公约	1982 年	蒙特哥湾
国际热带木材协定	1983 年	日内瓦
保护臭氧层维也纳公约	1985 年	维也纳
核事故或辐射事故紧急情况援助公约	1986 年	维也纳
核事故及早通报公约	1986 年	维也纳
关于消耗臭氧层物质的蒙特利尔议定书	1987 年	蒙特利尔
亚洲和太平洋水产养殖中心网协议	1988 年	曼谷
控制危险废物越境转移及处置的巴塞尔公约	1989 年	巴塞尔
国际油污防备、反应和合作公约	1990 年	伦敦
联合国气候变化框架公约	1992 年	里约热内卢
生物多样性公约	1992 年	里约热内卢
联合国防治荒漠化公约	1994 年	巴黎
核安全公约	1994 年	维也纳
关于在国际贸易中对某些危险化学品和农药采用事先知情同意程序的鹿特丹公约	1998 年	鹿特丹

附录 6 社会责任绩效分类指引（国家标准）

一级类别		二级类别		三级类别	
Z	组织治理	Z-1	决策程序和结构	12 项	共 12 项
R	人权	R-1	公民和政治权利	6 项	共 12 项
		R-2	经济、社会和文化权利	2 项	
		R-3	工作中的基本原则和权利	4 项	
L	劳工实践	L-1	就业和劳动关系	9 项	共 39 项
		L-2	工作条件和社会保护	11 项	
		L-3	民主管理和集体协商	5 项	
		L-4	职业健康安全	11 项	
		L-5	工作场所中人的发展与培训	3 项	
H	环境	H-1	污染预防	9 项	共 39 项
		H-2	可持续资源利用	9 项	

		H-3	减缓并适应气候变化	10 项	
		H-4	环境保护、生物多样性和自然栖息地恢复	11 项	
G	公平运行实践	G-1	反腐败	10 项	共 26 项
		G-2	公平竞争	5 项	
		G-3	在价值链中促进社会责任	6 项	
		G-4	尊重产权	5 项	
X	消费者问题	X-1	公平营销、真实公正的信息和公平的合同实践	9 项	共 53 项
		X-2	保护消费者健康安全	10 项	
		X-3	可持续消费	2 项	
		X-4	消费者服务、支持和投诉及争议处理	7 项	
		X-5	消费者信息保护与隐私	9 项	

		X-6	基本服务获取	6 项	
		X-7	教育和意识	10 项	
S	社区参与和发展	S-1	社区参与	6 项	共 42 项
		S-2	教育和文化	5 项	
		S-3	就业创造和技能开发	8 项	
		S-4	技术开发和获取	5 项	
		S-5	财富和收入创造	10 项	
		S-6	健康	4 项	
		S-7	社会投资	4 项	

附录 7 中国企业社会责任研究及推广机构

机构类型	机构名称
学术机构	北京大学法律学院 CSR 研究中心
	北京天则经济研究所
	北京新世纪跨国公司研究所
	广东企业社会责任研究会
	国际劳动保障研究所
	国家发展改革委员会能源研究所
	南开大学公司治理研究中心

	清华大学 NGO 研究所
	清华大学当代中国研究中心
	权衡产业研究中心
	社会资源研究所
	厦门大学企业社会责任与企业文化研究中心
	中国安全生产科学研究院
	中国贝迩项目
	中国标准化研究院
	中国环境与可持续发展资料研究中心
	中国企业社会责任研究中心
	中国社会科学院
	中国责任投资论坛
	中山大学人类学系公民与社会发展研究中心
	对外经济贸易大学国际经济伦理研究中心
媒体	《财经》杂志
	《行动 CSR》杂志
	《WTO 经济导刊》
	比邻星环保网
	公益时报
	经济观察报
	商品与质量周刊
	世界环境
	现代职业安全
	中国发展简报

	中国环境报
	中外对话
	筑能网-TopEnergy 绿色建筑论坛
网络资源	永续商业与和谐社会项目
	北京 NPO 信息咨询中心
	企业公益伙伴网络
	企业可持续发展报告资源中心
	企业人权资源中心
	企业社会责任同盟网
	企业社会责任在苏州
	企业社会责任中国网
	社会责任在线
	石油与环境网络
	中国环境新闻网
非政府组织	NGO 发展交流网
	阿拉善 SEE 生态协会
	爱地球环保机构
	北京能源效率中心
	大学师生监察无良企业行动
	大自然保护协会
	道德茶叶合作联盟
	道和环境与发展研究所
	蓝绿环境和发展中心
	绿色和平

全球环境研究所
山水自然保护中心
上海道融自然保护与可持续发展中心
上海乐创益公平贸易发展中心
上海绿洲生态保护交流中心
世界资源研究所
香港地球之友
香港乐施会
亚洲可持续发展投资协会
中国公益 2.0
中国可持续发展工商理事会
中国企业公民委员会
中国企业联合会全球契约办公室
中国青年应对气候变化行动网络
中国上市公司环境责任公益调查组委会

Globethics.net

全球伦理网是设在日内瓦的世界范围的伦理网站，它具有一个由杰出人士组成的国际基金董事会，在地区和国家项目中拥有来自200个国家的7万名参与者。全球伦理网尤其为非洲、亚洲和拉丁美洲的人们提供服务，以使他们在应用伦理领域中拥有更加平等的机会获得知识资源，并且使南半球的声音在全球 对话中更加可见可听。全球伦理网为对话、反思和行动提供了一个电子平台。它的核心工具是互联网网站 www.globethics.net。

全球伦理网拥有四个目标：

自由：自由获取在线文献
为了保障对应用伦理知识资源的获取，全球伦理网提供了一个*全球伦理网图书馆*，这是全球领先的伦理学电子图书馆，拥有超过一百万份的完整文本，供免费下载。关于技术和普世教会主义的第二个图书馆已经加进来，关于非洲法律与统治的第三个图书馆正在筹备当中，将于2013年启动。

网络：全球在线社区
注册的参与者形成了一个由感兴趣伦理学或者是这方面专家的人组成的全球共同体。它在其网站上为参与者提供参与论坛、上传文章以及以网络或国际合作研究为目标而参加或组建电子工作组的机会。

研究：在线工作小组
全球伦理网的注册参与者可以根据他们感兴趣的任何课题参加或建立在线研究小组，尽管设在日内瓦的全球伦理网总部集中在六个研究课题上：商业/经济伦理学、跨宗教伦理学、负责任的领导力、环境伦理学、健康伦理学、科学与技术伦理学。通过工作小组和研究取得的结果可以进入亦能免费下载四个系列的在线文集和出版物（参见出版物目录）。

服务：会议、认证和咨询
全球伦理网提供很多服务，例如，全球伦理论坛（一个关于商业伦理的国际性会议）、顾客定制认证和教育项目，以及在多文化和多语言处境中所需要的咨询。

全球伦理网与圣商学院展开合作，于2014年开办了全球伦理领导力中心（the Globethics Leadership Center，GLC）。

www.globethics.net/zh

全球伦理网出版物

所有版本均可在全球伦理网图书馆和

全球伦理网论文系列（已出版的集中于南半球伦理的博士论文）
丛书编辑：克里斯托弗 司徒博，博士，教授，全球伦理网创始人
兼主席，瑞士巴塞尔大学伦理学教授。有关原稿和建议事宜，
请联系: stueckelberger@globethics.net，
编辑管理：publications@globethics.net.

www.globethics.net/zh/publications 上以 **PDF 格式免费下载。**
印刷版可以直接通过同一网页上的亚马逊网或在
publications@globethics. net 上订购。

中国基督徒系列 China Christian Series

Yahya Wijaya; Christoph Stückelberger; Cui Wantian, *Christian Faith and Values: An Introduction for Entrepreneurs in China,* 2014, 76pp. ISBN: 978-2-940428-87-8 (Available in English, Chinese and Indonesian)

克里斯托弗 司徒博, 我们都是地球上的客人 对气候正义的全球基督徒愿景, 2015, 52pp. ISBN: 978-2-88931-034-0 (Engl. version in GE Library)

Christoph Stückelberger, Cui Wantian, Teodorina Lessidrenska, Wang Dan, Liu Yang, Zhang Yu, *Entrepreneurs with Christian Values: Training Handbook for 12 Modules*, 2016, 270pp. ISBN 978-2-88931-142-2

Christoph Stückelberger / Li Jing, *Philanthropy and Foundation Management: A Guide to Philanthropy in Europe and China*, 2017, 171pp. ISBN: 978-2-88931-195-8

Christoph Stückelberger / Vanessa Yuli Wang, *Faith at Work. Directory of Christian Entrepreneurs and Workers*, 2017, 126pp. ISBN: 978-2-88931-207-8

马提阿斯奈格鲍尔（Matthias Neugebauer），茨温利的伦理学 *Ulrich Zwingli's Ethics*, 2017, 329pp. ISBN 978-2-88931-214-6

理查德·希金森（Dr. Richard Higginson）著，刘殿利（Dr. Dianli Liu）译，信仰、希望与全球经济：一种为善的力量 *Faith, Hope & the Global Economy: A Power for Good*, 2017, 319pp. ISBN 978-2-88931-228-3

中国伦理系列 China Ethics Series

Liu Baocheng / Dorothy Gao (eds.), *中国的企业社会责任 Corporate Social Responsibility in China*, 459pp. 2015, Available only in Chinese, ISBN 978-2-88931-050-0

Bao Ziran, 影响中国环境政策执行效果的因素分析 *China's Environmental Policy, Factor Analysis of its Implementation*, 2015, 431pp. Available only in Chinese, ISBN 978-2-88931-051-7

Yuan Wang and Yating Luo, *China Business Perception Index: Survey on Chinese Companies' Perception of Doing Business in Kenya*, 99pp. 2015, Available in English, ISBN 978-2-88931-062-3.

王淑芹 (Wang Shuqin) (编辑) (Ed.), *Research on Chinese Business Ethics* [Volume 1], 2016, 413pp. ISBN: 978-2-88931-104-0

王淑芹 (Wang Shuqin) (编辑) (Ed.), *Research on Chinese Business Ethics* [Volume 2], 2016, 400pp. ISBN: 978-2-88931-108-8

Baocheng Liu, *Chinese Civil Society*, 2016, 177pp. ISBN 978-2-88931-168-2

Liu Baocheng / Zhang Mengsha, *Philanthropy in China: Report of Concepts, History, Drivers, Institutions*, 2017, 256pp. ISBN: 978-2-88931-178-1

Liu Baocheng / Zhang Mengsha, *CSR Report on Chinese Business Overseas Operations*, 2018, 286pp. ISBN 978-2-88931-250-4

这只是我们最新的出版物的选择，查看我们的完整集合，请访问：
This is only selection of our latest publications, to view our full collection please visit: